給我一點耍廢的勇氣

諮商心理師 王雅涵 Waha——著
抽屜's——繪

FEED THE NEED TO VEG OUT!

方舟文化

國家圖書館出版品預行編目 (CIP) 資料

給我一點耍廢的勇氣：你的存在，永遠值得被愛！翻轉厭世負能量，休息也是一件有意義的事／王雅涵著 . -- 初版 . -- 新北市：方舟文化，遠足文化事業股份有限公司，2023.01
面；　公分 . -- (心靈方舟；48)
ISBN 978-626-7095-92-8(平裝)

1.CST：生活指導 2.CST：自我實現 3.CST：自我肯定

177.2　　111020832

方舟文化官方網站　　方舟文化讀者回函

心靈方舟 0048

給我一點耍廢的勇氣

你的存在，永遠值得被愛！翻轉厭世負能量，休息也是一件有意義的事

作者　王雅涵
封面設計　職日設計
內頁插畫　抽屜 's
內頁設計　黃馨慧
主編　邱昌昊
行銷主任　許文薰
總編輯　林淑雯

出版者　方舟文化／遠足文化事業股份有限公司
發行　遠足文化事業股份有限公司（讀書共和國出版集團）
231 新北市新店區民權路 108-2 號 9 樓
電話：（02）2218-1417
傳真：（02）8667-1851
劃撥帳號：19504465　戶名：遠足文化事業股份有限公司
客服專線：0800-221-029　E-MAIL：service@bookrep.com.tw
網站　www.bookrep.com.tw
印製　沈氏藝術印刷股份有限公司　電話：（02）2270-8198
法律顧問　華洋法律事務所　蘇文生律師
定價　380 元
初版一刷　2023 年 01 月
初版三刷　2023 年 10 月

推薦序

耍廢有理！放空無罪！

李家雯（海蒂）／諮商心理師

身為「趴趴走的心理師」，我常被問道：「你怎麼能這麼有能量到處跑啊？」我總是笑笑說：「那你該認識另一位比我還更熱衷於全臺到處走的心理師：王雅涵（哇哈），她才是真正的『心理師歡樂之旅』啊！」

我總覺自己常常像是勁量電池一樣地在執行行動心理師的工作，天天趕場，但電池也有耗盡的時候，一旦能量燒乾，我也會厭世感爆棚，使不上力。比起我這樣時高時低起伏劇烈的心境，雅涵比我更像悠遊自在的美人魚，游刃有餘地穿梭在各機關單位，充滿歡樂地透過桌遊活動，帶領大家進入心理學的世界。每每看著她的臉書粉專，我總對她的能量充沛欽羨不已。

問她到底怎麼做到的？原來，她只是掌握了「翻轉厭世心態」的密碼——耍廢有理！放空無罪！能自在地踏在歡樂之旅上的祕訣，不是永保歡樂心境，而是接納自己也有不歡樂的時刻。接納之後，才有翻轉的機會！

看見雅涵這本書的書名，好像在說「耍廢」有道理！事實上，她想說的是：別把耍廢當耍廢！允許生命有忙碌，也要刻意接納一切餘白，而留下的空白不是白，那是刻意沉澱自己的美好時光。莊子說的：「無用之用，是為大用！」就是這個道理。

耍廢，是為了成為優化的自己。

用近代的腦科學語言來說，在忙碌生活裡的刻意耍廢、放空，其實才是大腦神經元排毒、重置、去蕪存菁的重要階段。特別喜歡她在後面篇章提到的概念：有意義的耍廢，也需要一點勇氣。不論是：不要過度完美主義的，「只要一次做好一件事就好」，或是接受自己整天完全沒動也具有意義，因為那叫做「休息」。當你的「耍廢」具備意義，勇氣才能緩緩產出，生命才會一切不「廢」。

真心推薦雅涵這本適合各個年齡層與身分角色閱讀的書，用平易近人的口吻與真實的案例，告訴我們：人生，可以有各種樣貌，重點不在於追問「為何我這麼廢？這麼厭世？」而是思考「我可以如何使用我的廢？翻轉我的厭世？」

誠如阿德勒說的：「人生的重點不在於你擁有什麼，而是你打算怎麼處理它。」我也深信，面對書本，重點不在你讀了什麼，而是你打算怎麼用這些內容？

雅涵的翻轉厭世感指南已經為你準備好了，而你，準備好帶領自己啟程了嗎？

李家雯（海蒂），諮商心理師、作家。美國芝加哥阿德勒大學諮商心理學碩士畢業，從事大專校園輔導工作多年，持續秉著阿德勒「Act As If」的精神，闖蕩於全臺各機關單位、學校與私人諮商機構，提供諮商、諮詢、演講、課程與督導。著有《你在煩惱什麼呢？》、《教養是合作》等書。

推薦序

善待自己，開啟與自己的溝通

張忘形／溝通表達培訓師

雖然跟雅涵心理師是好友，但我當時看到這書名時，我就想：「這該不會是想要教大家怎麼躺平的一本書吧？我會不會看完沒辦法推薦啊？」

但我覺得她是個很快樂的人，所以真的很想知道她是怎麼做到的。而看完之後，我也有了很多反省。我自己是一個教溝通與表達的人，但我們往往都把很多精力拿去與他人溝通，卻忘了自己與自己溝通。

不知道你有沒有這樣的感覺，我們的人生好像一定要努力向上，要當個有用的人，好像藉由這樣的過程，我們的人生才有意義。

看完書才發現，我們的努力與有用，可能是在潛意識中對自己的否定。我們之所以努力，不是想要有什麼追求，而是希望逃離不美好的自己。我們的「有用」，是因為我們感受到現在的自己，好像沒什麼價值。

我以前聽過一個希臘神話的故事，有個被懲罰的人叫薛西弗斯，他每天都要把一顆巨石搬上山，但到山頂後，卻又會馬上掉下去，接著他又要把掉下來的石頭推上山，進行無限的輪迴。

我看完後反思我的人生，我好像也用了許多力氣，但卻不快樂。我們以為是因為自己不夠好，所以不快樂。然而我們無論變得再好，我們對自己的標準都會跟著變高，於是我們陷入永無止盡追求「好」的環節，就像薛西弗斯一樣。

但畢竟，我們不是被懲罰的人，我們可以做很多調整。例如我們可以換個石頭，可以換一座山，甚至可以把它當成遊戲，或是乾脆去做其他的事情。只是，如果我們沒有看見調整的可能性，我們就會以為我們的人生就只能這樣了。

所以我才覺得，這是一本跟自己溝通的書，溝通有三件事情，分別是「接受」、「看見」

與「創造選擇」。

我們接受還不夠好的自己，但看見自己美好的地方。我們接受別人比我們好的地方，也看見他人可能要付出的代價。我們接受生活有很多挑戰，但也看見生活給我們的很多幸福感。

也因為這樣，我們能從書中的許多工具來調整信念，也許你自以為的缺點，是別人眼中的優點。也能藉此重新認識自己，原來我的情緒，背後只是因為忍耐太久了。當我們發現心中的那些真實渴望，我們就能夠改變選擇，就能夠得到不同的收穫。

畢竟，當我們對自己苛刻，我們自然感受到厭世，看什麼事情都不太順眼，我們也就更容易把負面的情緒丟給他人，甚至埋怨這個世界，我們也就很難與其他人，甚至整個世界建立連結。

因此，看完書後我發現雅涵心理師快樂的祕密，她說的耍廢並不是躺平，而是希望我們善待自己。當我們感受到快樂，我們自然也想分享喜悅給別人，進而能讓世界變得美好，大家也更願意與你連結。

邀請你一起翻開這本書，讓我們與自己溝通，學習好好地善待自己。☺

張忘形，知名溝通表達培訓師。相信溝通是為了建立有意義的關係，表達是為了傳遞有價值的訊息。自創的「忘形流微簡報」在社群上引發大量關注，以化繁為簡、黑白圖文的敘述方式呈現多元的議題，創造了高流量、高分享、高互動的溝通效果。著有《忘形流簡報思考術》、《順勢溝通》。

推薦序

為生活找到主導權，哪怕只有一點點也好

陳志恆／諮商心理師、暢銷作家

我的生活很忙碌，平時不是出外演講，就是在家備課、寫作，晚上和假日還要陪小孩。

我太太常問我：「你有在休息嗎？」

有呀！當然有。雖然我對我目前的生活形態，樂在其中，但也會有疲倦與厭煩的時刻。

每天，我會為自己安排一個小確幸時刻。通常是午餐時，我會邊用餐，邊從MOD挑選一部自己喜歡的電影觀賞。因為時間有限，通常不會一次就看完，而是分成好幾次。但那短短一小時不到的電影時光，卻是我一天之中相當期待的時刻，也是我感受到許多小確

幸的時候。

說穿了，倒不是電影有多好看，而是在那段時間，我可以選擇我想看到影片，而不是忙於行事曆上的既定行程，或者別人安排好的工作要求。

我充分感受到，我能主導此刻的生活。

英國曾經有個研究，不論白領階級和藍領階級工作者的工時都很長，壓力也很大，但白領工作者卻比藍領來得更健康，也更長壽。研究人員發現，不是因為白領工作者較為富裕，能享有較好的生活或醫療；而是，白領工作者相對於藍領工作者，在工作上有更高的自由度，去主導他的日常安排。

厭世代的人們身處在許多身不由己中，忙不完的工作、存不夠的錢、煩人的社交生活、應付不完的長輩壓力，以及，每天來自社群媒體的訊息轟炸，都不斷讓你意識到：「你真是個魯蛇！」

於是，除了把自己逼得很緊，你還能怎麼樣？頂多就是不斷抱怨罷了！

《給我一點耍廢的勇氣》這本書，在我看來，「耍廢」的用意，其實是有意識地為自己爭取一些生活上的主導權。當你感受到，自己其實有機會支配自己的生活時，哪怕只有一點點，都會比較有希望感。

我所認識的王雅涵諮商心理師，是個認真工作也認真玩耍的人。在工作上，她努力把歡樂帶給大家；在生活上，她也絕對不會虧待自己。她寫的這本好書，要獻給厭世代的人們；讓你知道，你也有能力翻轉厭世氛圍，在再多的身不由己中，也能感受到幸福。

陳志恆，諮商心理師、作家。現為臺灣NLP學會副理事長。著有《脫癮而出不迷網》、《正向聚焦》、《擁抱刺蝟孩子》、《受傷的孩子和壞掉的大人》、《叛逆有理、獨立無罪》、《此人進廠維修中》等書，為二〇一八～二〇二一年博客來百大暢銷書作家。

CONTENTS

作者序

揭開厭世布幕，看見世界給你的禮物

「為什麼你看起來總是很開心？」這問題我被問過非常多次，似乎在別人眼中，我始終是個開心的人，能有這樣的標籤，也是挺值得驕傲的。我曾開玩笑回答：「沒錯，我是歡樂的代言人，能吃能睡，如豬一般的美好。」如此大言不慚，我也真是佩服自己。只是，雖然我一直笑稱自己是快樂的胖子，但如果可以，還是想要瘦一點（比較健康啦）。所以，我想稍微修改一下這句話：「我是個歡樂的人，但我也有不歡樂的時刻；我享受在歡樂中的時刻，也在不歡樂中體驗人生；我想成為美好的代言人，但我不要求完美；我想玩出美好的人生，我想要塑造幸福的文化。厭世氛圍或許總圍繞在我們身邊，但我希望每個人都擁有翻轉厭世的能力。」

「翻轉厭世」就是，當你周遭的人總在抱怨、當你的環境常常給你打擊，但你不會被這些事情牽著走；你依然會難過、會生氣、會無力，但你會有力氣去行動，去把像是布幕般遮住你目光的厭世感受給掀開來，因為你知道，把這塊布翻開後，會有個很大的禮物在等著你。

那麼，要怎麼翻轉厭世呢？靠的是「信念＋渴望＋行動」：

◎信念：看見美好的能力，自我照顧的基石

相信周遭的環境有很多美好，相信自己的生命有很多可能，相信自己很有價值，有能力面對各式各樣的情緒狀態，可以停下來自我覺察並自我照顧。

◎渴望：開啟行動的契機，感染夥伴的熱情

覺察自己內心那些真的會讓你開心的事情，找到你的使命，並且更多地和人連結，能夠在愛與被愛的關係中，更加健康地發揮自己的影響力。

◎行動：帶來改變的付出，引領他人的火炬

擁有自己生命的掌控權，在任何狀況下都願意跨出一小步，也擁有界限，不任人擺布。可以承擔、忍受不舒服，也可以在行動的過程當中，替自己充電，並且知道：我的人生不只是這樣！

厭世氛圍就像一種文化，進入其中的人不自覺就會受到影響，但你也有能力去經營自己的文化，經營你帶給周遭的獨特光環！當你懷抱信念，清楚知道「我不想要只是這樣」、相信自己的價值，你就會主動創造出屬於你的文化，帶來好的影響，彷彿鹽與光。你心中的渴望，就如同一撮鹽巴，乍看你感受不到它的分量，但它會默默溶化、漸漸融入環境之中，讓人感受到你的存在、你的影響。同樣的，你的行動會化為光，會被人看見，會照亮前行的路，讓人們有勇氣跟著向前，而你的每一步，都會慢慢引導環境與夥伴的改變。

在這本書裡，我希望能以一個美好代言人的身分，來談談我們可以怎樣塑造自己的

Q 跟大家玩個解謎小遊戲，還有哪裡沒有遇見光與鹽呢？

答案提示：七個字（從上到下，從左到右，謎底請見 254 頁。）

溶入周圍，發揮影響　　照亮前方，帶來勇氣

	望	你	存		信		感	恩	
恩	典		在	我	心	渴	慕		迴
	可	惡		很	以		翻	譯	轉
厭	愛	耍	廢	卓	世	界	美	好	如
煩	惱	勇	氣	越		哇	哈		嬰

幸福光環、不再被厭世氛圍箝制，談談我們如何能讓美好沒有限制，協助你建立屬於你的信念，點燃你對美好的渴望，開啟你改變未來的行動。

希望你看完這本書後，能回過頭去看看自己走過的路，並明白：「啊，原來是這樣啊。」你不再去追問或苦惱「為什麼」，而是理解過去發生的一切，是為了現在，是為了未來。於是你開始轉變方向，跟著歡樂的自己、難過的自己、放鬆玩樂的自己和有壓力的自己，一

同描繪出一幅美好的未來藍圖。

我很喜歡一句話：「美好的事情是回頭看才看得懂的。」而我們的生活就像是登山，當你爬呀爬的終於到了山頂，環顧四周，看著之前那辛苦蜿蜒的路，你會發現，你都懂了，哪怕說不出所以然來，但過往的迷茫、懷疑與恐懼，都已煙消雲散，心裡有的只是喜樂、希望與讚嘆。

王雅涵（Waha）

Prologue

厭世代深陷的心理陷阱

Intro

這世代驅動著你前進的是什麼呢？你以為是夢想、是勇氣、是愛，其實更多的是「害怕」。我害怕被看不起，所以我一定要考上第一志願；我害怕被討厭，所以我要跟大家一樣；我害怕不被愛，所以我要想辦法讓自己更瘦。

伊甸園的故事大家應該都知道，上帝用祂自己的形象創造了人，那時候神有多好，人就有多好，但亞當夏娃後來吃了分別善惡樹上的果子，不得不離開了美好的伊甸園。

當時上帝跟他們說：「園中各樣樹上的果子，你可以隨意吃；只是分別善惡樹上的果子，你不可吃，因為你吃的日子必定死。」壞壞的蛇跑來跟夏娃說：「神豈是真說，不許你們吃園中所有樹上的果子嗎？你們不一定死！

因為神知道你們吃的日子眼睛就明亮了，你們便如神能知道善惡。」（白話文：吃了會更聰明更像神喔！）

他們吃了這個一直記得不能吃的果子，然後開始覺得自己赤身露體，覺得自己羞於見人，但他們以前也是這樣，為什麼突然會覺得自己很糟糕呢？因為「分別善惡」，他們不再覺得自己很美好，他們開始去看見自己的不足，看見那些對與錯，開始因為蛇告訴他們，他們吃了會「更好」，就忘了自己本來就是「好的」，而這個謊言，一直影響著我們，唯有當我們從心把眼光看回自己的美好，並且停止被恐懼給驅動，不再覺得自己很糟糕，我們才能跳脫厭世的文化，不再被對錯給綑綁。

你是否，
也不喜歡現在的自己？

慣性的自我否定，
將我們一步步推入厭世的陷阱

宛純是一個嬌小可愛的女生，她喜歡唱歌和跳舞，平常跟同事似乎也相處得很不錯，但她總覺得自己不屬於這個群體。

有一天，主管開玩笑跟她說：「宛純啊，你笑起來很可愛，要多笑一下呀！」宛純笑回應，但心裡並不開心，她想：「我就不能不笑嗎？我平常臉有很臭嗎？為什麼要這樣說話?!」沒有人知道，笑容甜美的她，其實非常不喜歡上班。

宛純的內心深處累積了很多的不滿，但她也不知道這種感覺究竟從何而來。她確實覺得自己笑起來很可愛、很好看，但她不愛這個被逼著笑的自己，而她似乎又不能不帶著笑容去上班。在心情最低落的時候，她甚至會在進辦公室前，在車裡看著鏡子對自己說：「一、二、三，笑一個～」然後帶著這個假笑走進辦公室。

那陣子的她，表面上笑得越開心，內心就越痛苦。

♥ 為了討人喜愛，我們笑得開心，活得痛苦

聽到這個故事有人有很驚訝的感覺嗎？還是覺得跟自己的狀況很相似呢？在職場中，

我們有很多身不由己的感覺，有時甚至沒有想到，原來連笑這件事情，都可能是工作的一部分。如果有意識到自己不快樂，其實也是一種好事，只要是人，都會在生命中經歷許多的「不開心」，這個「不開心」就是要讓我們思考自己的問題，這種「壓力」蘊藏著一股力量，讓我們必須做出選擇，做出一些改變，所以也可以說，不開心和壓力，是改變的力量。當然，有時也有可能會變成我們逃避問題的藉口。

宛純和我聊聊了自己的狀況後，最後大聲地說：「我不喜歡我自己，對，我不喜歡我自己！」她好像發現新大陸般地說出來這句話。我跟她說：「你不喜歡自己現在的狀態，不喜歡上班，不喜歡笑，在這樣的狀態下，你不喜歡自己，也不覺得自己是值得別人喜歡的。」宛純靜靜地想了一下：「也許是吧，我不相信有人愛我，真的好累，但到底有多累我也不知道。」

聽了宛純的故事，我想，她內心深處可能默默以為，不笑的自己就不被人喜歡，所以她要被配合別人所喜歡的；久而久之，也搞不清楚自己到底是愛笑還是不愛笑了。她可能只把焦點放在「害怕不被喜愛」和「被逼迫」的感覺，以至於就算真的發生了什麼有趣的事，也無法觸動她，讓她真正開心起來。

「當我開心並享受其中，我就會笑；當我笑容滿面，相對地人際關係就不錯；當我是個人際關係好的人，大家都會很喜歡我。」假如這個推理正確，當我想要大家都喜歡我，那我就要笑，笑才討人喜歡。

♥ 傾聽內在，適時放鬆，讓笑容更真心！

「我要笑」跟「我會笑」只差一個字，意思卻差了很多，前者是逼迫自己，雖然笑，但不是真心的；後者則是自然而然，因為開心地享受一件事情，因為你做自己好自在，等你回過神來，笑容已經掛在臉上。如果你無法想像這個畫面，不妨就隨意買張獨立樂團的演出門票，配上一杯飲料，去看看臺上的樂手，是如何閉眼搖頭演奏出震撼人心的音樂吧！

至於逼迫自己笑，老實說也是一種方法，曾有心理實驗指出，當你咬著一根筷子（嘴形像是在笑）看影片時，你也許會比沒咬筷子的人，更多地看見影片中開心的事（雖然後續研究指出該實驗無法重現，無法肯定「臉部回饋假說」的有效性就是了）；有很多明星的表情課訓練，也都從咬筷子開始。所以叫自己笑也不是件壞事，笑久了，也許就真的開心了。

宛純真正的痛苦，不是來自於她逼自己笑，而是她累積了許多對自己和環境的不滿，她覺得自己和別人格格不入，一方面很孤單，一方面又想和人保持距離，所以當她把別人的言行解讀為一種壓力的時候，她覺得自己越來越不被喜歡、被逼迫、無法做自己，但請試想，究竟是誰讓你無法做自己呢？有沒有可能是你誤以為別人在逼你，反而讓你把自己給困住了呢？

我們的生活是由很多東西組成的，有自己、有家庭、有工作、有興趣、有信仰、有愛情、有吃有喝有玩有睡。細細回想一週當中你做了哪些事情，你會發現，其實每天真的有好多值得投入、值得玩味的事，不是只有工作。並不是所有人都可以在工作當中享有成就感、並不是每個人都可以快樂地工作，但也許我們可以在人際中喜歡自己、在興趣中喜歡自己、在寫作中喜歡自己、在直播中喜歡自己，找到那個可以讓自己發自內心笑的地方，告訴自己，我喜歡這樣的「我」，這樣的「我」可以影響其他的「我」。就讓每一個「我」，都能對著鏡子發出一個真心、美好的笑容吧！

✦不開心和壓力，是改變的力量。當然，有時也可能會變成我們逃避問題的藉口。

✦生活不只單一面向，找到那個可以讓自己發自內心笑的地方，去擴大它的影響力吧！

相同的事件，不同的獨白

「小確幸」的四種面向，
你是哪一種？

「厭世代」來臨，許多人對生活、職場、家庭充斥著不滿，就連孩子們，也時常雙眼空空對著 3C，嘴裡喊著：「好無聊喔。」這些感覺一點一點累積，讓人好像再也感受不到真正的開心。最終只好把一絲絲的希望，寄託在放假出門玩耍或是躺在家裡宅著，我們稱為「小確幸」，一種微小確切的幸福感。

厭世會讓你以為，這世界或自己的生活就是這樣了，只有有限的「小確幸」，漸漸不相信美好與你有關，電視上的幸福快樂都是別人的，還很可能是假的；你開始無法真心祝福其他人，他們的美好，都照映出你的不完美。最後，只能回到社群媒體上，扮演另一個你，偶爾當當酸民，或者發一些精修過的圖搭配文青文字。我發文故我在，別人看起來覺得我很讚，那就夠了。

正向思考與負向思考

「小確幸」難免有其侷限，更讓人難過的是，我們甚至會覺得它可遇不可求。輕鬆的感覺有時是種奢侈，繁忙的工作與人際壓力，讓人連放假都無法好好休息。「天啊，我好累喔！」成了大家口中最常說出的一句話。

相較之下，我腦中倒是經常出現「天啊！我好幸福」這樣的念頭。有人因此對我說：「你是個正向思考的人，所以你才覺得幸福。你真的很幸運。」這話一直讓我納悶，我「很幸運」，是因為「我是被正向思考『選擇』的人」嗎？還是因為「我『選擇』了正向思考」呢？無論選擇或被選擇，正向思考真的這麼好嗎？如果這麼好，怎麼大家不這麼選擇？還是我們其實無法選擇呢？小確幸和正向思考之間，又是否有關係呢？媒體時不時報導說「年輕人只有小確幸沒有希望」，是否小確幸其實也不是一件好事呢？

為了釐清這個困擾，我簡單分出了以下幾種可能性：

◎正向思考後產生的小確幸（這是一種幸福文化的生活態度）

主動創造＋幸福感持續，其中關鍵在於你習慣解讀的方式較正向，你心中可能有的信念是：這世界是美好的，All is good。

◎感受到小確幸而正向思考（這是一個上天寵幸的時刻）

被動接受＋幸福感持續，重點是，你對生活中發生的事情有所感恩，不會視其為理所當然。

◎負向思考後感受到小確幸（這是一種暫時承接住的感覺）

被動接受＋幸福感短暫，重點是，你沒有全然封閉自己，雖然你既有的思考模式較負面，但你依然擁有可以接受美好的可能。

◎感受到小確幸後負向思考（這是一種厭世文化的生活態度）

被動接受＋幸福感短暫，關鍵在於，你活在一個很堅固的框架當中，不相信美好，或害怕擁有美好，以至於你寧可凡事做好最壞準備，同時緊抓著每一種不好的感受，以印證自己所想像的。

不妨跟我一起思考一下我們平常說話的內容吧！是比較容易對各種事情感到滿意、常想對各種人事物表達感謝？或者時常覺得厭世，但一些意外之喜能讓你短暫感覺良好？還是你已厭世到極致，心力值幾乎歸零到只想躺平呢？

正向思考後產生的小確幸（主動＋持續）

我常常正面地思考事情，所以遇到很多事情，我都感覺很幸福、很幸運。

例如：我居然確診了，好險近期很多工作都改線上，沒有太大影響，累了點但就當成一個小假期，待在家多休息吧！

感受到小確幸而正向思考（被動＋持續）

突然發生了一件好幸運好幸福的事情，一整天心情都很好，看到什麼都好。

例如：我居然確診了，保險金 get，還換到一個假期，我真的很慶幸自己沒什麼症狀而且還有錢可拿，沒有對生活造成影響。

負向思考後感受到小確幸（被動＋短暫）

覺得厭世，看什麼都覺得很糟糕，以至於突然發生的一點小事，覺得很不賴，今天有點幸運。

例如：我居然確診了，生活已夠忙亂，疫情還來亂，只能乖乖隔離啥事都不能做了。不過居然有人送物資給我，看來我不是個可憐的孤單老人。

感受到小確幸後負向思考（被動＋短暫）

突然發生一件好幸運、好幸福的事，但覺得只是湊巧，還是有一堆令人厭世的事情，問題隨時都會出現。

例如：我居然確診了，到底可以多慘！事情都忙不完了疫情還來亂，就算有保險金，也只是來補我未來的醫藥費而已，不知道同事老闆會怎麼看我，哎！

♥厭世的惡性循環

現在讓我們來看一個厭世的故事：

我是小璧。今天出門前聽到廣播，疫情又變嚴重了，確診人數暴增，我真的覺得世界末日要來了！還得上班的我只能戴口罩搭公車通勤，沒想到媽媽這時打電話來說了一堆，她很焦慮，搞得我也很焦慮。每次她打來我就很痛苦，今天還講到我上班快來不及了才掛掉。衝出家門，公車在眼前跑掉，崩潰！今天到底是什麼爛日子！現在只能去搭人多又慢的捷運，萬一遲到又要被老闆罵了。

今天公司氣氛不好，老闆臨時宣布下午開會，最討厭這種臨時狀況，一定沒好事，現在還有一堆資料要我準備，根本忙不過來！話說阿貴呢？他今天怎麼沒來？疫情嚴重就可以不用出門上班嗎？真的要被他氣死耶！

開會時間，老闆劈頭大罵，什麼事都能讓他不爽，新來的紹緯還被老闆罵哭，真的有夠可怕。唉，老闆眼中就只有錢，我們都是屁，能低調就多低調吧，當個不沾鍋才有辦法活下去。我正這麼想的時候，老闆突然牽拖到我這裡，說我沒盡到帶新人的責任，真心覺得衰，都怪紹緯啦！

老闆又霹靂啪啦說了一堆雞毛蒜皮的事，我氣歸氣但也很害怕，不知道能反駁什麼，只好說：「因為阿貴的關係，他很多事沒跟我核對好，才會變這樣的。」沒想到老闆更氣，說我不負責任，只會推拖、不知檢討，被罵得比狗還不如耶！我好想離職，但現在這種景氣要怎麼找工作？

開完會後，我又去把紹緯臭罵了一頓，都是他連累到我，他到底憑什麼哭，為什麼這麼雷啊，一個團隊需要合作，但跟這種人我什麼都做不好，新人又怎樣？這世界是殘酷的。

大家有在這故事中感受到濃濃的厭世感嗎？或者身邊有沒有跟小璧很像的人呢？有時人們會說這叫做水逆，諸事不順。小璧的公司環境的確不太好，主管的情緒似乎是一種很大的壓力，對上班族來說，有很多時候會覺得自己別無選擇，覺得自己很無力，明明有很多情緒但也不敢宣洩，結果下意識地做出傷害他人的行為，有時候會為此內疚，有時候也會替自己找找藉口，認為人就是要強起來才不會被人欺負。如果這時我們去跟小璧談什麼正向思考，他一定會說：「我也是千百個不願意，正能量那種太假了，的確每天是有些不錯的事情發生，但那又如何，我就是心很累。」

♥幸福的正向循環心態

接著我們把焦點轉到另一個故事：

我是汪汪。今天出門前聽到廣播，疫情變嚴重了，確診者暴增，真慶幸自己還很平安。戴好口罩準備出門上班，突然接到媽媽的電話，打來交代好多事，要我小心疫情。眼看上

厭世的惡性循環心態

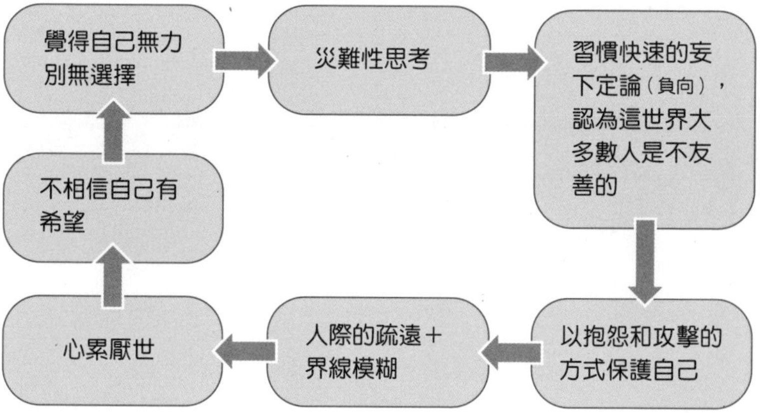
覺得自己無力別無選擇
災難性思考
習慣快速的妄下定論（負向），認為這世界大多數人是不友善的
以抱怨和攻擊的方式保護自己
人際的疏遠＋界線模糊
心累厭世
不相信自己有希望

班快遲到了，我跟媽媽匆匆道謝掛斷後就一路狂奔，可惜公車還是在我面前跑走。我趕緊改搭捷運，雖然要繞一下，但應該還是可以準時到達。

今天公司氛圍不太好，老闆臨時宣布下午開會，請我準備一堆資料，簡直忙翻了。突然發現阿貴今天沒進公司，平常他都是第一個到，這不太像他呢！該不會確診了？晚點傳訊息關心一下好了。

開會時間，老闆劈頭大罵，好像他什麼事都看不順眼，新來的紹緯更被老闆罵到哭，雖然我也覺得他動作可以再快一些，但畢竟初來乍到，這樣罵恐怕有點過頭。當我還在想這件事時，老闆突然轉過來念我，說我沒有盡到帶他的責任，我滿頭問號，明明紹緯不歸我管啊！還沒反應過來，老闆又霹靂啪拉說了一堆雞毛蒜皮的事，我氣到很想反駁但完全沒有機會，好不容易我冷靜下來，跟老闆說：「謝謝老闆跟我說了這麼多，讓你擔心了，我會和紹緯多討論一下，請老闆放心。」老闆也就安靜下來了。這招是我前幾天翻書看到的，面對情緒暴躁的人可以說什麼來句點他，活學活用，哈！

開完會後，我安慰了一下紹緯，他很自責、很無力，也覺得連累到我很不好意思，我跟他說：「雖然我也不知道老闆會扯到我這裡，但我知道你有在努力了，老闆今天情緒不太好，也許疫情之下，大家都壓力不小吧，有什麼需要幫忙的可以跟我和阿貴說，再給自己一些時間跟上大家的腳步吧。」

同樣的場景，汪汪好像過得比較舒服，是因為他正向思考嗎？還是他生活中的小確幸比較多？在這也很難下定論，但可以發現的是，汪汪一樣會擔心，一樣會生氣，但他會給自己一些時間來和自己的情緒對話，不會很快下定論，能比較有彈性地去看看發生了什麼，也對發生的事情表達感恩，讓自己有更充裕的心力去面對、解決問題，不會覺得自己很無力、沒有選擇權。

最重要的是，他在工作中有朋友，並且會主動關心別

幸福的正向循環心態

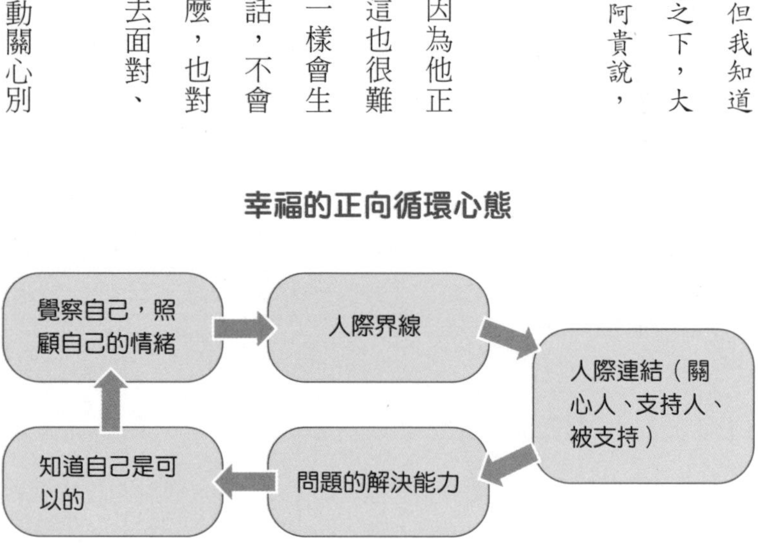
覺察自己，照顧自己的情緒
人際界線
人際連結（關心人、支持人、被支持）
問題的解決能力
知道自己是可以的

人。在工作中能夠支持別人也能夠被支持，這是一件非常不容易的事情，有很多工作或職場環境是很難交朋友的，就算你想，也可能在過程中遇到偷偷陷害你的人。

當然，這種狀況並不是百分之百，隨著時間，你會慢慢發現，有誰可以真心相處，有誰需要你保持適當距離，避免自己輕易受到對方有形無形的影響；又或者你知道自己必然受到影響，但能夠不被影響太久，可以很快分辨出問題歸屬，並擁有解決問題的能力。

✦ 如果「小確幸」讓你以為只要追求「足夠」就好，反而可能讓你忽略了更美好的可能性。

✦ 細細回顧自己一週以來發生的事，省思過程中的想法與對事件的解讀，稍稍提醒自己，就能建立幸福的正向循環！

翻轉厭世感，
拿回自我的遙控器

突破厭世感的黑色布幕，
看見美好的無限可能

心理學家塞利格曼（Martin Seligman）和梅爾（Steven Maier）合作進行了著名的狗狗電擊實驗。實驗中無法透過控制開關來停止電擊的狗狗，會基於先前的經驗，覺得自己根本無法躲避電擊的折磨，即便到了新環境，只要跳過障礙就能遠離電擊，仍舊放棄嘗試。在牠們的經驗中，這樣簡單的好事並不存在於牠們的世界。

同樣的，人也是如此，如果常常在某個地方遭遇失敗，像是工作、課業、感情等，他就會在這些事情上放棄努力，甚至自我懷疑，覺得自己什麼都不行，是個失敗者，是個不被愛的人。事實上，我們並不是真的不行，只是陷入了「習得性無助」（Learned helplessness）的心理狀態中。

♥ 人生的遙控器，在你自己手上

厭世感的存在，與習得性無助有很大的關係。這種心理狀態讓人們自我設限，把失敗的原因歸結為自身不可改變的因素，忽略了我們可以主動的可能，放棄繼續嘗試的勇氣和信心，甚至出現「自證預言」（Self-Fulfilling Prophecy），只看見自己的不好、環境的不好，卻完全提不起勁，情況自然越來越糟，於是你也更加相信自己不好，就在這個習得無助的循環中繞，離幸福越來越遙遠。

厭世來自於「我覺得什麼事情都不是我可以控制的」、「我很無力」。想像自己是一臺電視，但遙控器在別人手上，你只能隨別人按來按去，播出不同的節目；叫你大聲，你就必須瘋狂賣力，叫你安靜，一個靜音鍵就可以讓你閉嘴。但我們不是電視機，我們不是機器人，我們是有生命氣息的人類，我們擁有自己生命的遙控器，雖然不是每個按鈕都這麼棒、這麼好用，可能也有一些其他的遙控器可以對你產生影響，但你絕對是你生命中最可以掌控自己的人！這其中也包括你可以選擇把自己的遙控權交給別人，有些是伴侶和家人的甜蜜負擔、有些是工作壓力、有些是經濟環境的考驗……但這些都只是一小部分的你。

然而，當厭世氛圍來襲，大部分的人，都把眼光集中在「我」無法控制的地方，忽略了生活中還有很多事情是我們可以決定的。我們常常聽到一個詞，叫做「身心俱疲」，人的心力真的是有限的，當你沒有好好照顧自己，好好分配自己的心理能量，你真的無力去相信其他的可能性，於是把遙控器交給別人，躲進明明很討厭、但似乎也滿有安全感的厭世界裡。

所以，回到前面說的小確幸的先後，和所謂的正／負向思考，無論它的前因後果是什麼，我們更應該去探討，這其中有哪些是我可以掌握的，有哪些是我讓別人影響我太多的，有哪些是我陷入自動化思考（Automatic Thoughts）的、有哪些是我提早放棄去做的。

如果我們用心理學專業的角度來看，我們對外界事情邏輯思維的模式，是我們根據童年和大人互動的經驗中，學習出一些看待事情的方式，譬如：你會不會對一件事情迅速下負面結論，你會不會在遇到問題時容易先選擇批判跟抱怨，你對身邊的人抱持怎樣的距離和看法，或是你對周遭環境的感覺是友善還是危險。除了童年，成長過程中很多大小事也都會影響我們的思維模式，只是相較童年時期，它們要產生影響需要多花一些些時間。在負面經驗一點一滴的累積下，大多數的我們，開始以為幸運、幸福是被動的（它們從天而降，我們無法爭取）；又或者，當我們發現自己失去掌控權、只能被動面對人生的時候，我們開始厭世，集結了越來越多負能量，成了厭世代。

但我們其實可以選擇，我們並不全然被動。厭世文化讓我們以為我們只能被動、讓我們以為幸福是偶爾的，讓我們忽略，幸福其實也是一種文化，我們可以在主動中看見自己的力量，甚至我們可以讓人感受到被愛。我們的生活態度是有影響力的，我們也同樣會被影響著，而愛的連結，會替我們被框架著的人生找出一條新的路。所以，我要在這裡大膽的講，「厭世代」只是短暫的標籤，它彷彿一塊布，把我們蓋著，一開始我們不喜歡它，但久了反而覺得它有點溫暖，也就習以為常了，直到我們發現，還有更多的美好在這塊布的外頭，於是我們會去揭開它、翻轉它，因為我們的內在會有個渴望的聲音驅動著我們，告訴我們說：「我的世界，不只是這樣。」

♥與人連結，找到無限大的幸福

我很喜歡心理學家阿德勒提到的「共同體感覺」，他說這是人類最終幸福的目標。人是脆弱的、有缺點的、有極限的，我們沒辦法靠自己單獨達成目標，所以需要和別人連結。能為自己的幸福和他人的幸福有所貢獻，這樣就會擁有共同體感覺，但這有三個條件：

❶你要能夠接納自我，知道自己的價值。
❷你要對他人有貢獻，要去愛人。
❸你要去信任他人，不輕易把別人當成敵人。

但當我們進入到厭世代這塊布底下，我們感受不到自己的價值，或覺得自己的價值被他人奪去。面對討人厭的老闆、擺爛的同事、覺得自己除了翻白眼以外什麼都無法改變，我們累得只想趕快回家耍廢，沒有任何動力跟人接觸，不想跟他人建立友善連結。當工作占了生活的大部分，而休息時間完全無力做任何事情時，就代表我們的工作和生活失去了平衡。心靈沒有足夠的休息，厭世感慢慢累積，最後，我們的防衛心態讓我們不相信他人，甚至不相信自己，哪管什麼終極的幸福，心靈雞湯喝來喝去就這樣排掉了，根本無法吸收。

只要是人，都會像這樣有各式各樣的情緒。如果完全沒有情緒，那也是件嚴重的事，代表你感知自我的功能故障了，沒有感覺，自然也沒辦法好好自我照顧。我們平常固然會經歷各種高低起伏，但只要還有感覺，我們就可以找到辦法讓自己回到平穩舒服的狀態。

有天晚上，我因為一些說不出原因的事而大哭，我發現，正向思考也許可以幫助我們面對很多不同的情緒事件，特別是憤怒，藉由多一點的思考，我們可以去探索憤怒的背後是什麼，也許是失落，也許是擔心……。但這種方法對於一些深層的難過卻不太有效，它需要的不是大腦思考解決，而是給大腦時間休息冷靜，像孩子般被呵護之後，才會得到安慰。

要想翻轉厭世感，還有個好用的小小方法——與人連結。就像是你的手機沒電了，突然發現路邊有充電站，停下來去充個幾分鐘，至少，你可以重新開機。當你今天覺得「誰誰過得好好喔～」去加入他吧！當你今天覺得「誰誰誰好像很辛苦～」去關心他吧！也許一時之間，常處於厭世文化的我們，無法有往好方向想的習慣，也時常覺得自己糟糕，但我相信，還有很多人都能看見你的美好，他們正羨慕你、想加入你，你也因著別人如此看待你，會開始看見自己的美好。這樣的連結會產出無比大的幸福感，於是你漸漸的，就會習得「翻轉厭世」這強大的技能。

❤ 接納自己的多元面向，不完美也很美好

不過，建立連結的過程未必一帆風順，要想建立健康的連結，我們需要先有一個良好的心理基礎。人是多面向的，有充滿正能量、在人群中發光發熱的時候，也有孤單黯淡的時候，我們很難只用一個詞來定義自己，因為我們如此多元。但在人際互動中，他人會給我們一些標籤或評價，也許透過和我們的互動，或是透過他人的見聞，來定義我們是怎樣的人。你有一百個朋友，也許就有一百種不同的樣貌，也難免有些樣貌你並不喜歡，譬如：你可能是大家心中的嗨咖，但也有人會覺得你很強勢。

尤其是當今的網路時代，你可能會懷疑，明明我跟這人一點都不熟，為什麼他可以說得那麼繪聲繪影？許多網紅都有分享如何面對網路酸民的留言，其中最重要的一個方法是，我們沒辦法控制別人怎麼說我們，也無法成為每個人都喜歡的人，但我們可以調整自己面對這些事的狀態。就像面對大雨，你可以穿雨衣、撐傘或是不出門，但你總不能站在路上對雨大罵，與它對抗，因為你阻止不了雨停，就如同我們無法阻止別人怎麼想、怎麼說一樣。

說起來，我們一樣會給別人貼標籤，看著大家的FB和IG，我們羨慕著別人，認為

他們賺了大錢、吃好穿好、家庭美滿、朋友很多。定義他人沒有不好，但我們常常不知不覺看著他人而投射到自己，對比一下就感覺自己不夠好，卻忘了，這只是我們透過片面的資訊所定義的，並不代表這就是真實的，因為所謂的真實，只怕連當事人也不知道。事實上，我們是多元的、無法被完整清楚定義的。

我們可能會特別偏好某種形象，如果這形象正好是你最自然的樣子，那代表你可以很輕鬆地做自己。就像有一天，我的朋友跟我說：「我以前常常羨慕你有很多工作，但後來我發現，很多工作真的只有你做的來，你不只是去講些專業內容，而是用你的生命去影響別人。看到你去跟偏鄉的孩子互動，去跟中輟生搏感情，總是親切配合別人，不高高在上，有時我會感覺你在工作和說話的時候，你不只是你，好像真的是有神同在的人，就感覺你的信仰、生活和工作，很自然地融合在一起。」聽她說完，我內心非常感動，我被她定義為「親切配合的人」、「用生命影響他人的人」、「活出與神同在的人」。她的回饋給了我動力，我喜歡這樣的我，而她也喜歡，這是一件很棒的事！

你喜歡的形象正好是你真實的樣子，而且很多人也這樣認為，這是超級幸運的。但如果兩者之間差得有點遠，可能就需要花些心力調適，才搞得清楚，到底哪一個「我」更接近最真實的自己。比如人們一直說「你很棒」但你並不相信的時候，或者你正在做一件你不喜歡的事，像是記者必須配合公司的政治立場、律師幫明明有罪的人辯護等，你必須自我說服。也許這份認知失調會讓你有點難受，但行為跟人需要分開看待，我們可以討厭自己的行為，但如果開始因各種事件開始討厭起自己，那就是重要的警訊了。

看到這裡，請先不用急著替自己下定義、貼標籤，無論是正向的或負向的，只要記得我們是多元的，喜歡或不喜歡自己的某個部分，都很正常。也不用輕易定義自我和他人的對錯，否則一直希望自己在完美的框架當中生活，也是相當不輕鬆呢！

✦ 儘管世界並不總如我們預期，我們仍然可以選擇，並非全然被動。

✦ 接納自己，是成為最好的自己很重要的一環，有進步空間的自己才是好的。

打造幸福感的
方程式

信念＋渴望＋行動，
改變從此開始

我曾經帶一群大學生去街頭訪問創業人士，其中有家造型雞蛋糕店，讓我印象深刻。

老闆是一對年輕的男女，記得當時，女老闆給學生們一個建議：「如果知道要做什麼，就去做吧！然後把耳朵關起來。那時我想要做不一樣的雞蛋糕，所以花了很多時間和錢去研究怎樣做出可愛的模具，身邊所有長輩都跟我說，『你這樣不可能會賺錢的啦，都還沒賺錢就花這麼多錢』，但事實證明我成功了，甚至我現在還讓人加盟，不只在這個城市賣，遍地開花。」

我問她：「大家都跟你說不可能的時候，你不會害怕嗎？不會懷疑自己到底有沒有做錯選擇嗎？」

她說：「反正大不了失敗了再回去做我的老本行，只是我知道，我真的不喜歡我先前的工作，如果不試一試，人生也就這樣了。我不想要一直這樣沒有靈魂的當個機器人，我們兩個達成共識互相支持，就這樣去做吧。」

奇蹟其來有自，美好沒有限制

「沒有做不到的事情，只有不想做的事情。」原來，突破不可能，是真的可能的！但首先你要更努力去行動、去相信、去勇敢做夢；更重要的是，你可以選擇去聽那些你覺得重要的話。當然，你不可能什麼都沒準備就去創業，如果可以，多聽聽成功人的故事、找到合適的人和你一起努力、多請教各行各業的專家。你不用聽所有人對你的意見，這只會讓你變成無頭蒼蠅、失去方向。你需要的，只是一個可以給你指引、給你信心的人。

當我們覺得一件事情「不可能」，就意味著我們完全不會去嘗試；覺得一件事情「很難」，則代表我們如果願意去做，多少還有一點機會可以成功。這微乎其微的差距和想法，很可能帶來天差地遠的結果，因為這關乎你是否願意有所行動。世界上有很多我們認定不可能的事，但它卻真實發生了，有時我們稱之為奇蹟，這些超乎想像的故事，可以成為我們很寶貴的經驗與信念，讓我們知道：美好是沒有限制的。

當然，信念只是開端，要想突破厭世感的包圍，信念、渴望與行動，是一環扣著一環的。

❤同樣是落榜，心情大不同

這裡用一個我自己的故事當例子，來說說這三者之間的關聯。或許你不知道，我的心理師資格總共考了兩次。第一次報考，我以一分之差落榜，那時前一個月才完成論文和畢業手續，沒花太多時間準備，就抱著姑且一試的心態，想著不會上也理所當然。沒想到，和我一起畢業、抱持同樣心態的兩位同學居然低空飛過，我成了三人中唯一落榜的人，瞬間有種孤單甚至丟臉的感覺。怎麼大家都成功了（明明只有兩人），自己卻成了唯一的失敗者？我一個人到了碧潭邊，想吹吹風冷靜，過程中掉了很多眼淚。

我問自己：「怎麼可以這麼難過？不是本來就覺得不會考上嗎？」「很難過的時候，我對自己說了什麼？」「我說的這些話是有意義的嗎？」「我說的這些話對我有幫助嗎？」「怎樣安慰的話是我想聽的？」「那我可以跟我自己說嗎？」在自我對話中，我漸漸被自己照顧到，我不是失敗者，只是覺得為什麼別人可以我不行，讓我難過的不是結果，而是比較。我安慰自己：「會有我的時刻的，就再努力吧！」**（信念）**讓該掉的眼淚掉出來，哭夠了，力量就來了，有的人需要一兩個小時，有人則是一兩年，這是你要自我照顧、好好充電的時刻。

我接著想到前幾年考社工師落榜的經驗。沒錯，我是一個考社工師和心理師都曾落榜的人呢。當年還在讀諮商研究所，念社福的朋友們約我一起報名社工師考試。我不是社工系出身，只是選修相關學分並完成實習，符合考試資格，從沒真正想過要考社工師。但既然符合資格，就一起去考吧！由於知道社工師非常難考，沒打算認真以對，就隨便寫寫、在考場睡覺、提早交卷。放榜結果讓我大吃一驚，我的分數竟然只差一點點就可以過關。那年社工師考試錄取率大暴增，考了很多實務題，給分相對寬裕。我有點後悔，當初多認真一些些，也許我就過關了，但來不及囉～其他朋友們都考上了，而我也從此不再打算考社工師證照了。

同樣考試落榜，一樣是其他人上了我沒上，為什麼一次我超難過，一次我雲淡風輕呢？我想差別在我對這證照的渴望、它對我的重要性，還有我如何詮釋和與他人的比較。你需要分辨當下在意失去的東西，是你真正在乎的？還是這個世界在乎的？當我們什麼都想抓，某種程度上反映了我們是如此脆弱，容不下任何一點失敗。大家可以想想，感情、工作、計畫……我們人生中真的有很多的失去或失敗，是什麼讓我們停滯不前，又是什麼讓我們決定重新行動呢？

社工師證照一直都不是我認為必要的證照，心理師考試則不一樣，它是我人生階段的一個目標，所以考心理師落榜對我而言，帶來了更多的自我懷疑，彷彿也成了對我三年來攻讀研究所的否定。我理解到自己對這證照的看重，來自對自我的期許（**渴望**），同時也免不了有很多對考試制度的不滿，有一股腦的怨氣。那時我下定決心，想來考個榜首，再寫網誌批評一下這考試制度。我在半年內認真讀書，寫了十年來的考古題（**行動**），最終以全國第七名的成績通過了之後的考試。

不過後來，我並沒有真的寫網誌罵國考制度，反而分享了我的準備資料，希望幫助未來想要考心理師的人，讓大家有更清楚的方向和準備。制度和環境，或許充滿很多不合理或討厭的地方，抱怨、抗議都很正常，如果這能讓我們心裡舒緩些，當然很棒；只是大家抱怨久了，也會形成一種互相取暖的同溫層，我們既不喜歡卻也離不開。其實我們仍可選擇有所作為，不一定要像革命那麼激烈，只要先翻轉一些我們不喜歡的，試著在看似無法變動的環境中，找回一些自己可以控制的小地方，即便只是稍稍改變辦公桌的擺設，也能帶來十足的療癒。

也許環境不一定真的有所改變，但我們的自我價值感會改變，會感受到有行動、有努力的自己是有價值的。失敗可以把我們擊倒，讓我們死氣沉沉，但也可以激起我們的渴望，付諸行動，並相信自己可以成功。在職場中，我們也會遭遇許多挫敗時刻，比如升遷加薪的是別人而不是我，我們會覺得憤慨、自卑、難過。這個時候，我可以成熟的祝福別人嗎？我還願意繼續努力嗎？或者我決定離開這個我認為不健康的職場呢？其實都可以的，只要你還願意相信，終究有屬於你的機會、有屬於你的時候，相信屬於你的成功，就在不遠處等候。挫折，能讓我們有更多自省的時刻，每個過程都可以是值得的，就看我們怎麼領悟。

♥ 也談談自卑感和自卑情結

一定有很多人聽過自卑感和自卑情結，卻不太能分辨其中的差異，而我的故事剛好就是個很實際的例子。

心理學家阿德勒認為，我們每個人都有個理想中的自我，當現實中的我和理想中的我有差距時，就會產生自卑感。健全的自卑感會讓我們產生動力，想要努力奮鬥，追求卓越，想要變得比現在更棒。但當我們把自卑感當成藉口時，就變成了自卑情結，讓我們找藉口不斷退縮，像是：我就是不善於考試，所以才考不上國考；只要有某某在的一天，我永遠當不上主管；我就是為了生活才在這工作，反正像我這種人再努力也沒有用。其實這些都是我們自己的歸因，把不必然有因果關聯的事串在一起，變成我們的藉口。

我們需要的，是把厭世的感受或過程當成一種準備。當我們接收到自己各種不滿意現況的感受，也就代表該是我們有所發揮的時候！只要我們意識到，我們是可以有選擇的，我們便會停下來重新整理自己，發現自己的使命與價值，知道自己不想只是這樣，於是開始拿回自主權，開始有所行動。我們可以選擇厭世、可以選擇抱怨、可以選擇休息、當然也可以選擇改變。正能量的心靈雞湯，改變不了還沒休息夠的人；而在自己和人際關係中，有被承接、被聆聽、被愛過的人，就會發現：休息片刻之後，就是我的登場時間了。

✦ 信念是能看穿「不可能」假象的眼鏡，渴望是美好未來的指針，有了它們，我們就有行動的勇氣！

✦ 感覺挫敗、不公平的時候，不妨先停一下，想想你真的想要的是什麼？放下跟他人的比較，往更好的自己前進吧！

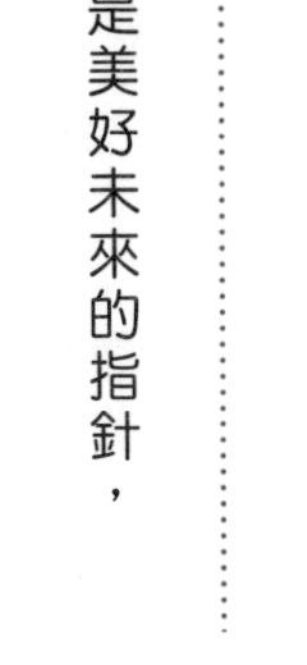

你的「一人公司」，需要美好文化

用更高的視角，
看向更美的遠方

我看過一篇報導，訪問了在所謂「幸福企業」工作的人們對公司的看法：「這裡工作環境很友善」、「能讓我的工作和生活有好的平衡」、「工作有挑戰性讓我持續學習」、「主管懂得照顧與引導我」、「公司真的很重視員工，我們得到很個人化的對待」——其實這些都來自一個核心：把每個人當成人對待。

很多時候，厭世是因為我們覺得，我們需要努力地去抓取自己的身分、自己的利益，自己像個重複、沒有被看見的小螺絲釘。然而，努力抓來的，總是會害怕它被他人搶走，這種環境可能有較大的人際與競爭壓力，對團隊合作與創意發想較為不利。

當然，比較競爭的團體也有它的厲害之處，團體中每一個人都為了登上業績排行榜而努力，每個人都繃緊神經，互相督促比較，讓整體業績蒸蒸日上。說到底，不同的團體文化之間無所謂好壞，只有你是否適應。在一個文化中，如果你可以享受其中，你就是這個文化的適應者；如果你覺得痛苦，那你勢必得做出一些改變或心態調適，去看看自己要怎麼面對這些不適應。

♥知道自己是誰，就會發揮影響力

那麼，團體的文化是從哪裡來的呢？如果你是一個團隊的領導者，你的一言一行都深深影響團體，但如果你只是其中一個成員呢？那你的信念影響著一切！如果你「相信」你有影響力，你就會有影響力。這聽起來好像有點天方夜譚，但你不妨想想那些很有影響力的人，他們是否都有較好的自我價值感，常常可以很有自信的說話？

我認為，一個人的價值，來自於他影響了別人，並且讓別人感受到自己的價值，這是這幾年我在心理師工作中的體悟。「相信自己有影響力，然後發揮影響力，接著發現自己真的有一些影響力，就更有影響力了！」哇！這是一個很棒的循環。可是首先，要先「相信」！相信自己是有影響力的，知道自己可以塑造文化，讓大家進到你的領域，跟著你的節奏走。如果你能塑造你的文化，你就是個領導者，就算你不是主管，也會閃閃發光。

講到這，不知道大家會不會想問，塑造文化要幹嘛？我跟著別人的、公司的文化走就好了啊！是呀，如果你喜歡現有的文化，當然沒問題，但你是否在生活中多多少少有些不滿足的感覺呢？可能有一些小批評、小抱怨，不甘願被限制。厭世感的出現，就是你內心的文化在呼喚你了，從創造自身的小文化開始，影響身邊的世界吧。

做自己的CEO，公司文化自己決定

自從考上心理師後，我就開始自己接案，當自己的老闆，這在心理師這一行中算是很少見的。大多數人會先在一個固定單位工作，生活和收入都比較穩定，也可以有較多的支持和引導。但我傻傻的，決定放手一搏，那時候我跟自己說：「好不容易畢業了，我不要再回學校了，我想要睡晚一點，給自己一年時間慢慢摸索，怎麼當個可以睡飽吃飽的心理師，不行再回去當正職的心理師吧！」

其實現在回想起來真佩服自己的勇氣，在那時候我連「行動心理師」是什麼都不知道，我只想說，能接什麼工作就接什麼工作，別人不要的工作我就去做，沒事就寫寫文章，甚至嘗試開課，一人校長兼撞鐘，從宣傳到租場地到訂便當，就這樣傻傻的北中南開了桌遊應用的課程，慢慢累積知名度，慢慢累積經驗。沒想到，行動心理師現在也變成很多心理師嚮往的目標，很多人問我怎麼當的，我會回答：「其實我也不知道我到底做得對不對，跟很多厲害的人比起來，我真的前進得很緩慢，而且至今還是抓不太到怎樣可以擁有更多更好的工作機會和改變。但我知道的是，以前我什麼工作都接，現在我選擇可能比較多了，我依然願意花時間去那些別人可能不想去的地方，因為我覺得很多時候，那不只是工作，是我之所以成為心理師的一部分。」

某種程度來說，我是我自己的老闆，我自己就是一家公司，一家超小的一人公司。我接各地不同的案子，不用固定時間上班，但必須自己負責大小事，完成每個單位給我的任務。其實我們每一個人，都可以把自己當成一間公司來經營，就算你受雇於其他公司，是他人的員工，你也可以想像工作上協作的上司或夥伴是你的業主，是要來跟你談生意的。你一方面要把自己這家公司經營好，也要配合其他業主的要求，同時你也是你自己公司的CEO，自己這家公司的最高層。這時你就可以想想，你要如何塑造你這間公司的文化，也就是你自己的價值信念和目標。

我認為有一個文化很重要，前面提過很多次，也就是所謂的「幸福文化」，人們汲汲營營，最後不就是希望可以幸福快樂嗎？我們想要賺錢，其實是希望錢可以讓我們有更多自在享受，讓我們幸福快樂。我們追求人際關係，也是希望可以有人陪伴、有人支持，讓我們幸福快樂。我們想有健康的身體，是希望可以一直健康、到處做自己想做的事，讓我們幸福快樂。雖然很難去定義到底怎樣是幸福快樂，這個定義是流動的，絕不是說存到一千萬我就幸福快樂、結婚生子我就幸福快樂、身材健美我就幸福快樂，這些定義會隨時更動，達不到之前覺得很痛苦，達到之後覺得還不夠。幸福文化並不是追求一個可以看見的東西，而是要能穿過這些表層的意義與短期的目標，看見最後面的美好世界，那個發自內心的笑與滿足。

尊貴、有價值、被愛的

聖經中有一個很酷的詞，叫做「在地如在天」，雖然生活在地球上，卻活得像在天堂一般。天堂是怎樣的狀況呢？想必有許多喜樂、大家彼此相愛、大家相信自己很棒、不用在乎別人怎麼看待自己等等。如果一個人有自信、能勇敢、充滿笑容、享受自由，那應該就是在天堂了吧？那我們現在所存在的文化到底發生什麼事情，才讓我們不能像在天堂一樣呢？

我想或許在於「眼光」，我們藉由「比較」來定義自我的價值，因為不安而自我防衛，因為害怕受害而開始自私。既然大文化沒辦法讓我們更接近天堂，小文化總可以吧，所有大文化都是從小文化開始影響的，而要改變文化，就要從相信自己的價值開始。想像力是你的超能力，一直是我很堅信的一句話，在越痛苦越難想像的時候，就越需要做夢。後現代取向諮商有個技術就是如此，當個案深陷在自己的痛苦中時，我們會帶著他去想想，如果有一天問題突然都解決了，那會是什麼樣子？只要你願意閉上眼睛，停留一下去想像，其實你就正在穿越眼前所看見的，並且漸漸累積翻轉厭世的力量。

暢銷書《被討厭的勇氣》提到，「所有的問題都是人際關係的問題」，這句話確實有其道理。對啊，我所有問題都和他人有關，因著人我們有比較，因著他人我們想表現得更好。但這句話也忽略了，我們的人生也因有他人的羈絆而有趣。有天我聽到一位企業家分享，他每天對自己說「我是尊貴、有價值、被愛的」，也把每一個人看作「尊貴、有價值、被愛的」，於是他發現自己能有更高的層次，去面對那些讓他不開心的事；他練習尊重每個人，也讓別人知道自己值得被尊重。從他的身上我看到一股自信，不因為他事業成功，而是他對待人事物的一致性。

後來我明白，所有的問題除了和他人有關，更和我自己的「眼光」和「大腦」有關，那位企業家每天對自己說的話，就像一種自證預言，這個信念給了他人生地圖的方向。在這社會中除了比較，還可以彼此尊重、彼此相愛，越有智慧的人越是這樣做，怎麼看待自己就怎麼看待別人。這三個形容詞帶出了一個不同的文化，把眼光和想法投往遠方，我們便不再被自己的不足給限制住。我好、你好、大家都是好的，我們太常在「我好」這關就卡住了。

因為深受他的故事感動，我選擇讓這個彼此相愛的文化進到我的心中，我接受這個文化，並且用我的影響力來發揮這文化更大的價值。在我的職業過程中，也有很多困難和辛苦之處，累到不知該怎麼辦的時候，我就會買個甜點，安靜停頓一下，然後讚美自己，給自己鼓勵。有時候我也會說不出來，會半信半疑，會自我懷疑，但過去我都已度過大大小小的困難，未來的我也依然可以，我相信這樣的信念、這樣的眼光可以解決人生大多的問題。

在繼續看下去之前，試著對自己說：「我是尊貴、有價值、被愛的。」有沒有什麼不一樣的感覺呢?不論你感覺如何，一起相信我們可以擁有很棒的文化吧!這就是阿德勒共同體感覺的第一步，接納自己，認為自己是有價值的，不因為我們做了什麼，就因著我是這世界獨一無二的人，於是我們便有勇氣，去踏入人際關係，去發揮自我的影響力。

遇見美好，你可以自己做決定

說到文化與影響力，流行音樂大概是我們日常會接觸到最有影響力、感染力、穿透力的作品吧。如果你在網上查詢「厭世歌」，你會發現好多獨立樂團都正吶喊著，每一首歌詞都訴說著自己的厭世故事。對於社會、環境、愛情、自我，我們難免有著很多的不滿，但這不滿的背後是一股強大的力量，掙扎著想要翻轉。

「噢多麼美麗的一顆心，怎麼會、怎麼會，就變成了一灘爛泥」，爛泥是在保護著那顆美麗的心，累了就休息一下，沖個澡洗掉身心的汙穢與疲累，只要活著就不會完全被打趴，大家都渴望成功、渴望特別的光照進來。厭世並非是全然負面的詞，它促使我們慢慢思考，讓我們有一股反彈的動力，穿過它看見背後的無限可能，珍惜著遠方的夢想和希望。

所以，讓我們一起透過這本書，來思考一下，來改變一下，抬起頭來告訴自己，身處厭世代中的我們，可以擁有不一樣的生活。我們擁有改變文化的能力，擁有突破惡性循環的可能。幸福可以是一種文化，由每一個願意開始想像的人所打造。還記得電擊實驗中的狗狗嗎，如果牠清楚知道跳過障礙就可以遠離電擊，牠一定會跳，但那些習得無助的狗狗卻不知道。幸福文化和厭世文化中間，有個矮柵欄正等著我們跳過去，如果你不知道自己是可以活在幸福文化中的人，跟著這本書，一起學習怎麼跳過這個障礙吧！從你相信的那刻開始，你就擁有跳躍的能力，從那時起，美好將沒有限制。

✦ 把眼光與想像投到更遠的地方，你會找到抬頭的力量，看見美好的可能。

✦ 「我是尊貴、有價值、被愛的」，把這句話時刻放在心上，開啟美好的正向循環吧！

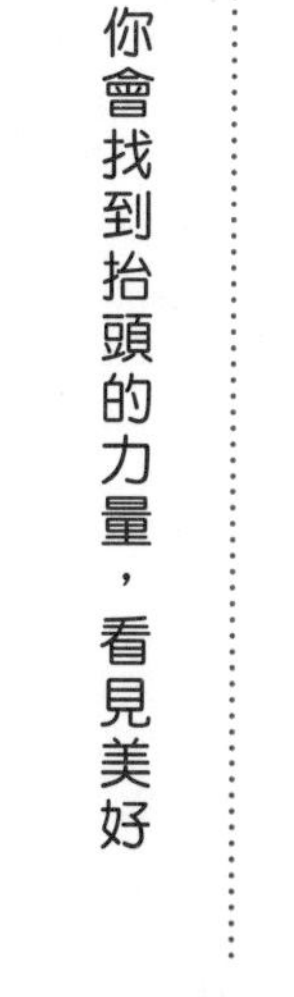

Part 1

情緒大爆炸！為什麼總被負面情緒籠罩？

Intro

生活中，總免不了許多負面情緒，但當人們問你：「還好嗎？你怎麼了？」你卻總是反射性地回答：「沒有啊，還好。」這樣的「句點式回答」背後隱藏了一個訊息：「我說什麼都沒用啦，反正就這樣。」於是我們漸漸習慣停止分享、停止思考，甚至連自己都會覺得，「真的就沒有怎麼樣啊」，但事實上，你的心情已經糟到不能再糟，根本不知道該怎樣來幫助自己。

其實情緒有很多功能，常能提醒我們留意自己的身心狀況，舉幾個例子：

憤怒可能在告訴你：你被攻擊了，該保護自己，快點設立界線，看看如何反擊，不要讓人欺負。

難過可能在告訴你：你可能失去了一些重要的東西，你需要休息一下，照顧自己一下，甚至讓別人來照顧你。

恐懼可能在告訴你：有危險了，快點站起來奮鬥或是逃跑吧！

焦慮可能在告訴你：好像很多事情你無法控制，你現在的狀態不好、不安全，未來會有更多的未知，需要先做準備。

後悔可能在告訴你：你做錯了一些事情，你需要去做點什麼來挽回。

孤單可能在告訴你：你失去了和外界的連結，你需要試著打開被愛的接收器。

情緒就像在你身邊愛嘮叨的小天使，有時它太聒噪，讓我們欠缺好感，寧可把耳朵摀住，只聽到嗡嗡嗡的聲音，卻聽不清小天使真正想說的是什麼。覺得負面情緒一無是處只是我們的迷思，只要我們願意停下來，好好接納與承接，聽聽它們想傳達的訊息，你就能理解它們存在的意義。

我沒事、我還好、
我沒感覺，真的這樣嗎？

溫柔承接自己的情緒，
是自我照顧的第一步

到底什麼是「情緒」？講白話一點，就是一種「感覺來了」，這感覺就是我們對周遭發生的事情所產生的反應，它源自我們自身的想法，也可能進一步帶來行動，所以可以說，情緒是一個從「想法」到「行動」之間必經的過程。

♥你怎麼都沒感覺？

我們時時刻刻都有情緒，只是平常沒什麼事，波動不大，我們不會特別去注意，也就沒有意識到情緒能為我們帶來的好處、挑戰與考驗。我常常會說，我們身上有許多馬達，驅動著我們的言行，情緒是其中之一，當你發生問題需要檢修時，它是很重要的關鍵。然而厭世代中有許多人，卻覺得自己毫無情緒。我曾聽一位朋友說：「我真的從來沒有生氣過，我好訝異大家都那麼會生氣，但我真的沒有。」

他真的沒生過氣嗎？還是他不敢生氣？或者其實他生氣了，只是自己不知道呢？我們常認為生氣是不好的，所以把這種感覺壓下來，改用其他狀態去表現，例如：焦慮、難過、緊張等等，因為搞不清楚自己真正的狀態，以至於沒有辦法解決內心真正的問題，也無法和人有更深的交流，在人際關係上更感無力，就像身上裝著一個壞掉的馬達，卻一直沒發現它壞了，所以整個人都不對勁，越是用力，越是無力。

情緒需要被承接，無論是被自己或是他人，當它有被好好承接時，能讓我們感受到愛與安全感，而不是變成傷人傷己的炸彈。然而，過往的教育環境中，我們很容易接收到這樣的訊息：「情緒是不好的」、「有情緒的人是不成熟的人」、「我們要好好把持住情緒，別輕易被別人控制、看笑話」、「只要我不去感受，就會沒事的」、「有情緒是危險的」、「別讓人輕易看穿我的情緒，我要控制好我的表情」、「不要想就沒事了（露出微笑）」……

我們總希望自己可以表現得很好，擔心真實的自己很脆弱，無法承擔他人的眼光和評論，也不願輕易讓別人看見真實的自己；又或者，我們曾在抒發情緒的過程中，遭遇不理想的對待，以至於我們把這感覺收起來，以保護我們的自尊。回想你小時候跟同學打架，既生氣又難過地回家跟家人哭訴時，他們會怎麼回答呢？家長們難免會說：「打架就是不對，有什麼好哭？再哭就去旁邊罰站，站到哭完為止……」然而你需要的只是一個安慰，一個擁抱，問你說：「還好嗎？會不會痛？發生什麼事了呢？」

長大後我們開始明白，父母也有他們的不足處，也許在忙，也許自己狀態也不好，也許沒人教過他們要怎麼承接情緒。但你所需要的這份照顧，還是可以自我給予，讓長大後的你，告訴自己該怎麼照顧你的內在小孩，慰問自己：「還好嗎？會不會痛？真的辛苦了。」別只記得用大道理來說服自己，忽略自己的真實情緒。要記得，你有自己生命的掌控權，你可以決定要用什麼方式和自己對話。

啟動覺察，正反情緒都有力量！

我曾聽一位老師說：「不用學什麼情緒管理，如果能夠管理，那就不叫情緒了。」這話讓我一驚，雖然我不會說得那麼絕對，但聽來確實也有道理。的確，我們很難管理我們的情緒，特別在所謂「失控」的時候。這時要做到的，與其說是情緒管理，不如說是情緒覺察，知道自己正處在怎樣的狀態下，能意識到這一點，你就有能力開始嘗試跟那些你不怎麼喜歡的情緒好好相處，而不只是被它控制。

那位老師也分享，每當他有情緒、不知該怎麼辨時，他會對天說：「好喔，我現在很糟，我不知道該怎麼辦，我承認我現在很生氣（也可以換成別的情緒）。」把自己的狀態說出來給自己聽，然後給自己三分鐘的時間安靜。他所做的就是「承認」和「放手」，也就是說，你真的要先認知到自己的情緒，接納自己的情緒，才有可能跟情緒相處；而所謂的放手，不是單純不理它，而是讓自己可以喘息一下，平靜心靈之後再去嘗試。

如果你不知要從何管理起，也不妨翻翻坊間各種介紹情緒種類的書，讓自己對情緒有更多的認識，就好像剛剛說的那位老師，在他要承認自己有情緒之前，至少也得說出自己有什麼情緒。甚至更進一步來說，除了承認生氣之外，如果能說更精準說出情緒背後的感受，比如無力感、嫉妒、害怕、覺得不公平等，那會讓你的「承認」更有魔力。

情緒有正有負，有強有弱，卻沒有全然的好或全然的壞，負能量讓我們更有爆發力和動力，正能量讓我們充滿希望和魅力，就看我們怎麼運用，怎麼控制情緒而不是被情緒所控。

♥ 情緒也會被「誤診」？

想認識情緒之前，可以先來考考自己，五分鐘內是否可以寫下三十個情緒詞彙。生氣、難過、害怕、開心、平靜……每次我在上課時叫大家寫下這些詞彙，大家總是一陣哀嚎。「三十個也太多！怎麼可能！」

但當大家認真安靜下來書寫，其實很多人都可以寫超過三十個，而且我們會發現，負面詞彙比正面詞彙多很多。這是有原因的，我們狀態不好的時候，需要更多、更精細地被描述出來，而每個狀態都是這麼地深刻。接著再打開手機搜尋，大家才發現，「天啊！真的有好多好多情緒詞彙，我怎麼都沒有想到？」這就好像世界上有千百種疾病，但我們總是簡單用「感冒」來帶過，在自己「誤診」的情況下，一不小心就忽略了新冠肺炎的可能性也說不定。只有你知道的詞彙越

負面情緒有哪些？

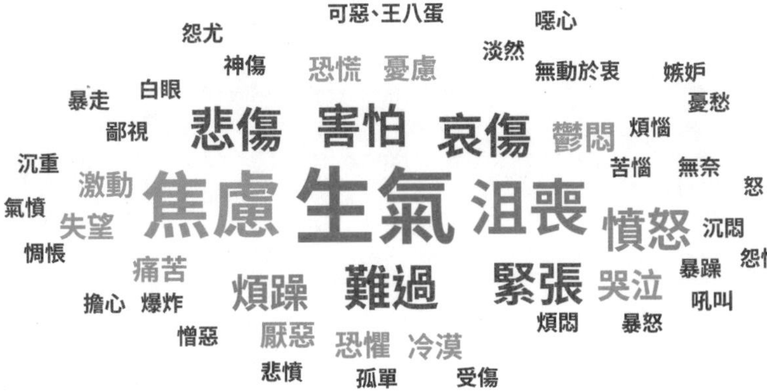

多，你也才越能去了解「我怎麼了」，而不是總說「還好啊，我沒事」、「我沒有生氣」等等。

把三十個詞彙寫下來後，我們可以試著把它分類，用橫軸表示正負的面向，縱軸表示強度的高低，分成四個象限，並把這些詞填進去。分出四個象限後，我們還可以接著來辨認，它是初級情緒（primary emotions）還是次級情緒（secondary emotions）。

聽到這裡你可能會想，情緒還有分等級的喔？是的，但無關高級低級，而是「顯露出來的」和「需要花時間覺察」的差別。就如同冰山一樣，你展露出來讓大家看到的，源自你對現實與自身想法的反應的，就是次級情緒；而那些可能一時之間沒有意識到、需要花時間覺察的，才是你最原始的初級情緒，因為深藏在水面之下，很多時候你連自己有什麼情緒也說不清楚。

♥ 洞察情緒的保護色

再用我的故事來說明一下吧！我是個很怕惡狗的人，有次一位花蓮的社工騎機車載我穿越小巷，突然衝出一群很凶的狗，嚇得我從後座伸手去催油門，只為讓機車加速通過，不只差點發生車禍，也把社工嚇得半死，他後來開玩笑地對我說：「你比狗還恐怖啊！」

被狗嚇到的當下，我有哪些情緒和狀態呢？應該是「心跳和呼吸加快、全身肌肉僵硬、汗毛豎起、冒冷汗，感覺到緊張、驚恐、害怕」。一瞬之間，身心靈就發生了好多事，都自動化地反映出來，大腦連想都不用想，這就是初級情緒，它來自我們古老祖先的遺傳，當原始人遇到獅子或猛獸的攻擊，他們必須隨時保持警覺，用最快的速度應對，而我們的基因就潛藏這個能力。

然而初級情緒不是只有像怕被狗咬的例子那麼簡單，有滿多初級情緒是很令人難受的，當我們太痛苦、不想去面對的時候，就會用次級情緒來保護自己、取代初級情緒的反應。譬如：你對未來有很多恐懼和不安，但你用憤怒來代替，去責怪體制不公平。

次級情緒很多時候來自我們對事件的解讀，以及對初級情緒的不接納，以至於我們產生了另外一個複雜的情緒。它或許和我們潛意識有關，呼應著我們內心真正的需求，比方說，你不喜歡自己憤怒，所以想辦法把憤怒壓下來，讓自己習慣那種沒有感覺也不會反抗的生活，獨自承受悶悶的無力感。或者你曾在家暴的環境中成長，以至於面對親密關係時沒有安全感，害怕被拋棄而時時刻刻感覺到恐懼，覺得這個世界沒有真心的人，所以對他人總是冷漠以待，壓抑著自己對於被愛的真實需求。

次級情緒也許是一種保護，但初級情緒才是我們真正該去承接的，它的存在有它的功能性，若我們只看到次級情緒，往往就會像誤診一樣，沒有辦法真正解決問題，我們必須要花時間，去分辨自己現在情緒是初級情緒還是次級情緒；面對次級情緒，又該如何挖掘下面隱藏的初級情緒，好讓它得到合理的對待。我們一定都是有情緒的，關鍵只在於，你願意讓自己或是可信賴的人潛到水面下，去看看自己內心深處最真實、最脆弱的一面嗎？

✦ 別讓次級情緒的保護機制，讓你誤判了自己內心真正的需求，用坦然開放的心態，照顧好自己的內在小孩吧！

有些事，一想起來
就讓人煩躁到呼吸困難……

找到夥伴與目標，
生活少了煩躁，也多了樂趣！

厭世時代，什麼事情都讓人心煩，天氣煩、同事煩、體重煩……「好煩喔」是大家嘴邊常出現的話，煩到心很累，就算放假也覺得休息不夠，畢竟沒多久又要上班上學，只能翻翻白眼。

其實很多時候，令人煩躁的不是工作或課業本身，而是環境中相關的人事物。可能也不知從什麼時候開始，好像一切就變了、不對勁了。變的是我嗎？還是其他人呢？在這大環境當中，我真的是有所選擇的嗎？

以下提出幾個問題，來讓大家核對一下，自己是否因為周遭的環境而感受到煩躁與壓力，是否覺得自己像是在籠子裡不斷繞圈跑的小倉鼠呢？

- □你最近是不是變得常常懷疑工作（學校），或是對工作（學校）不滿、常批評工作（學校）？
- □你是否想到上班（課）就覺得疲累？
- □你是否因為不知如何下手，常常拖延面對該做的事情？（然後去做其他不重要的

事情）

□你是不是對周遭的人常常不耐煩？

□你身邊的同事（同學）是否時常充滿抱怨？

□你是不是常常覺得沒有足夠的心力來面對一切？

□你是不是覺得很難專心工作（讀書）？

□你是否覺得自己總是在工作（讀書），沒在休息或是根本沒辦法真正休息？

□你是不是找不到成就感？

□你是不是對環境和自己都感到失望？

□你是不是常常無意識進食、飲酒、使用藥物來讓自己好過一些？

□你的睡眠習慣品質是否有變差？或是睡很多？

□你是不是會有不明的頭痛、胃痛或腰酸背痛、呼吸困難等等問題？

以上幾個問題，並不是要告訴你符合幾項就代表你多嚴重，而是要讓你可以停下來思考一下：對啊！我好像變得有點厭世了，那我在厭世什麼呢？有哪些可以做到的改變，能讓我不那麼厭世呢？

我認為，會讓人厭世的可能性主要有四，試著從這四點開始，來翻轉我們的生活吧！

Q 找不到成就感，覺得沒有可以學習成長的部分

解方：設計生活小任務，開啟自主學習！

成就感最大的來源，其實是自己的成長與進步。但從學生時代開始，受限於正規教育，我們可能有很多身不由己，不想做的事往往會比你想做的還多。工作之後更是這樣，必須完成公司交代的事，有更多的責任和義務，順利時還好說，不順的時候，煩躁感怎麼甩都甩不開！

為了找回生活的自主權與缺失已久的成就感，這時候，自主學習就很重要了！你需要自己找尋可以學習的東西，為了自己而學，讓自己有力量去面對未來的機會與挑戰。請不

要因為沒人發現你的努力而放棄，做任何學習都有其意義與價值，當你不以目的為取向時，反而更能樂在其中，有更卓越的結果。

但心力有限之下，也許一開始你並沒有太多的想法和時間可以去學習，你只想簡簡單單放空，玩場遊戲。很多時候我們玩手機遊戲，也沒多想什麼，但在一場場比賽或一個個關卡中，默默得到了很多的成就感，甚至有時讓你停不下來，還想去充值買裝備，去看攻略練習，當你樂在其中時，你是很放鬆的。

同理，當你在工作或是學校當中，時常感受到緊繃、焦慮、厭世時，也許你可以替自己的人生增加點遊戲體驗，幫自己在環境中設定一些輕鬆且有成就感的任務，並給自己獎勵。譬如：每天買一杯咖啡給一位同事，挑戰送給全辦公室的人一杯咖啡；每回一封信就記一點，集滿十點可以得到甜點一枚；連續一週挑戰每天都同一時間打卡……你還可以設計很多任務放在桶子裡隨便抽，抽到什麼完成什麼，甚至約朋友一起挑戰，相信你會從中得到簡單愉悅的成就感喔！

Q 身旁的人充滿抱怨，自己可能也是

解方：找到良師益友，脫離負能量情境！

抱怨是一件可怕的事，當大家都停滯不前，只希望別人可以改變，卻沒人願意從自己開始改變時，抱怨的力量就會越來越大，甚至吞沒所有人，當你不想跟著抱怨時，還可能被視為不團結的異類，成為被攻擊的對象。有句話說：「領袖創造環境、奴隸抱怨環境。」這話用詞很狠，卻也很真實，事業有成、不斷在努力的人，他眼光看見的是還可以怎麼做得更好更多；停滯的人，則會想少做一點是一點，於是漸漸被淘汰。對於抱怨的人來說，他們做什麼事情都是因為別人，而不是因為自己。

抱怨和抒發情緒是有差別的，當我們身心狀況不好，特別是焦慮煩躁的時候，我們的確需要一個出口。當你跟同事訴苦，且這事件有可能擴散出去或影響他人時，這種情況就是抱怨；但如果你找一個成熟的人分享，不論是長輩、摯友、家人、心理師，他們回饋你情感上的支持與行事的建議，而不只是跟你一鼻孔出氣，那這便叫做情緒抒發。要不陷入

抱怨的環境，是需要勇氣與力量的，你也可以成為這樣的智者，在聽到他人的訴苦時，提醒自己先緩一緩，試著說：「辛苦了，原來你是這樣想的，讓我回去好好想想……」然後慢慢地飄走吧。

Q 覺得環境不公平，覺得自己是受害者

解方：專注在自己能做的事，看淡比較心！

在現在的生活當中，甚至是你從小到大，可能常常都會覺得某些事情很不公平。為什麼她吃這麼多都不會胖？為什麼他就可以爽爽地賺？為什麼他家這麼有錢？但其實很多時候，就是因為問了這個「為什麼」，才會讓我們覺得不公平，而這不公平來自於與他人的比較。

心理學家找來了和人類最像的動物——猴子，做了一場不公平的實驗。實驗很簡單，籠子裡有兩隻猴子A和B，兩隻猴子中間隔著一張鐵絲網，猴子能看到彼此。工作人員訓練猴子A做一個簡單的動作，每當猴子A拿石頭給工作人員，牠就會獲得讚賞和一根多汁

的小黃瓜，猴子A吃得很開心；接著工作人員訓練猴子B做一個簡單的動作，每當猴子B拿石頭給工作人員，牠就會得到一顆甜美的葡萄。

小黃瓜是營養的蔬菜，但美味的葡萄對猴子來說更有吸引力，猴子A親眼目睹這一切後覺得很不開心。當工作人員再次請猴子A幫他完成任務，並給牠一根牠之前吃得很開心的小黃瓜，沒想到猴子A直接拿小黃瓜去丟工作人員，來表達牠的憤怒，後來甚至也不爽起在隔壁吃葡萄的猴子B，憤怒地去搖動鐵絲網隔板，想要攻擊猴子B。

猴子的反應很直接，就是憤怒，但回到人身上呢？我們也一定會憤怒的，只是差別在於，我們後來會怎麼解讀這個不公平，會用怎樣的行為與情緒去面對。有些人可能起身抗議、有些人可能偷偷報仇、有些人可能悶在心裡、有些人可能乾脆擺爛，也有些人可能會努力去替自己爭取。身為人類的我們，其實可以有大怒以外的可能。

聖經裡也有一個故事，是關於葡萄園的收割，主人一早六時請人來幫忙收割，給予工價一錢銀子，後來九時、十二時，以及下午三時、五時都出去找人來工作，因為葡萄園的工作太多，所以園主需要不斷請人，到了發薪水時，他給每個人都是一錢銀子。這時候，越早來的人就越不開心，覺得憑什麼啊，後面來的花這麼少時間，卻跟我們拿一樣的錢。主人很直接的說：「我當初和你們說好是一錢銀子就是一錢銀子，這是我和你之間的事情，不是嗎？我要給其他人一錢銀子，也是我自己的事情。」

如果我們把眼光放在和他人比較，不公平的事情真的多到難以數算，但若我們把眼光放回自己身上，你會去想：我是否有把我該做的做好、得到我該得的？未來當我擁有權力之後，我可以怎麼做，來讓事情更公平呢？我相信，這時候的你，就已經走在更加成熟的路上了。

Q 你不喜歡你自己

解方：相信自己是美好的，釋放被壓抑的感受！

最後，還是回歸到自我價值上，這也是很多心理類書籍不斷提及的。你可以相信自己是美好的嗎？當你今天事情做得很不錯的時候，你會不會覺得這只是偶然？甚至患上「冒牌者症候群」，恐懼被他人高估，焦慮自己的無能被看穿？當事情做不好時（或者你早就猜想自己會做不好），是否只感覺大難臨頭，覺得自己一無是處，失去動力，只想找個地洞鑽下去？或者會想盡辦法遮掩保護自己，轉過身來責怪他人？

「我覺得我都沒有辦法跟上同事的步調，我可能隨時會被開除」、「這份企劃寫得好糟，老闆一定會很不爽，我就要被開除要失業要破產了」、「家庭氛圍很不好，一定是我沒有做好媽媽的角色，我真的很失敗」，當人們被焦慮襲擊，加上習慣性地歸因到自我的問題，延伸出許多災難性思考，於是你越來越看不見自己，不喜歡那個好像把所有事情都搞砸的自己。為了追尋他人的認可，你只能更加努力、一再偽裝。那種不能做自己的不舒服，慢慢被你壓了下來，但它需要被釋放，而打開牢房的鑰匙，就是你輕聲地對自己說：「辛苦了，你的存在本身就是美好，慢慢來，你可以的。」

✦ 輕聲告訴自己：「辛苦了，你的存在本身就是美好，慢慢來，你可以的。」這是釋放壓抑感受的鑰匙。

我可以
憂鬱很久很久嗎？

與憂鬱同行時，
每個人都有自己的時間與歷程

每個人都經歷過憂鬱，重則像洪水一樣把人淹沒，輕則讓人唉聲嘆氣提不起精神，它們彷彿幫人掛上一副灰濛濛的眼鏡，看什麼都霧霧的，什麼事都可以往負面去想。如果說每個情緒都有它存在的必要，那憂鬱的存在，又是為了什麼呢？

我們遇到困難與壓力時會想辦法解決，會啟動全身來面對，就好像我們原始的祖先，為了避免被「可怕的獅子」攻擊，必須動起來以求生存。但憂鬱卻反其道而行，它讓我們不想吃東西、對事情提不起興趣，進而減少身體的代謝運作，就像冬眠一般，變得很慢很慢，好讓自己可以減少經歷當下的痛苦，這種「裝死」一般的狀態，反而能讓我們逃過一劫，就好像有時你會發現，要是能好好睡一覺，問題似乎也就沒這麼難了。

憂鬱的功能是讓我們逃避痛苦的，但要面對它，本身也並不輕鬆。它其實是在告訴我們，我們失去了某項很重要的東西，可能是關係、可能是物品、也可能是我們自己，我們需要花時間來哀悼失去。憂鬱是個黏人的孩子，它可能會跟著你好一陣子，需要你專注在它的身上，陪它走完一段歷程，直到送走這孩子之後，你才會像一顆重新發芽的種子，慢慢地冒出新芽。

♥悲傷的五個階段

談到憂鬱，不免都會談到精神科醫師庫伯勒—羅絲（Elisabeth Kübler-Ross）的「悲傷的五個階段」。她說，悲傷不是盡頭，而是會慢慢驅使你往前走，甚至我們會在經歷這過程當中，遇見新的自我。五階段分別是：否認、憤怒、討價還價、沮喪、接受。面對失去，我們都要走過這些歷程，有些人短，有些人很長，很多人停留在第四階段很久很久，也有很多人在第一階段就當機，也有些人以為就快好了，沒想到接著又回到前一個階段，陷入一個痛苦的循環。我們來看看這五階段：

❶否認／隔離（Denial & Isolation）

「不可能啦，你在騙我吧！」「別開玩笑了，一定是搞錯了，是別人吧！」

在面對難以承擔的事實和資訊時，我們很可能會把自己隔離起來，不願也不想面對事實，甚至還會嘻嘻哈哈的，這種笑其實很令人心疼，也很有可能讓人誤會，但這不一定是一件壞事，這種狀態是對自我的保護，是一種防衛機轉，好讓我們可以慢慢地準備好身心來面對。

❷憤怒（Anger）

「都是我的錯，要是我……就不會……」「為什麼會這樣？憑什麼可以這樣對待我？太不公平了！」「都是你害的！」

當事實擺在眼前，逼得我們必須去面對的時候，我們沒辦法再繼續欺騙自己，但也還是沒有足夠的力量去承接痛苦，所以我們會把憤怒、挫折，投射在他人身上、投射在上帝身上、也可能投射在自己身上，想替發生的事情找到一個原因來怪罪跟出氣。

❸討價還價（Bargaining）

「只要可以……我什麼都願意做！」「拜託讓我……」「如果當初……」「有沒有可能……」

當憤怒過去之後，我們漸漸地接受事實，努力地去想改變些什麼，好讓事實不會到這麼糟糕。我們可能會去求人、求天、求自己，處在一個很忙亂的階段，身心其實是非常疲累的。

❹沮喪（Depression）

「我不想活了……」「失去這些我還有什麼意義……」「我的人生沒有希望了……」「我不知道要怎麼過沒有他的生活……」

也許這個階段是最久也最痛苦的，也就是一開始我們所說的，被大水淹沒的感覺，淚水常常像水龍頭一樣流下來，無法控制，我們已經累到沒有太大的力氣掙扎，也沒有什麼理由可以逃避和責怪，這時候的人們非常脆弱，會因為一些想不到的小事，爆發各樣的情緒，甚至做出傷害自己的行為。

❺接受（Acceptance）

「日子還是得過下去……」「好吧……我會好好的。」「還是會難過但一直都在過……」

漸漸的，我們會走出憂鬱，但每個人都會有自己的時間、自己的歷程，面對不同的人事物，不用和他人比較，而是知道自己真的不容易。也許，離開悲傷時，我們會有一些罪惡感，我們會不敢讓自己好起來，但我們會慢慢鬆開緊抓的手，放下並重建新的人生。在這個階段，我們也會開始發現，身邊有很多很好的小天使成為我們的助力，正如俗語所說，上帝幫我們關起一扇門，必會幫我們開啟一扇窗，轉頭看見窗外的風景後，你也會生出勇氣。

悲傷五階段其實在告訴我們一件事情，就是悲傷（憂鬱）終會過去，只是它也沒辦法告訴我們這段情緒會有多久。曾經有人問我：「哇哈，我可以一直憂鬱很久很久嗎？」我的答案是：「可以，辛苦了。」前面說過，憂鬱是有功能的，它是來讓我們不要一下子就獨自面對超級超級的痛苦。說真的，沒人想憂鬱一輩子，但正在憂鬱狀態中的人，很難想像自己可以不憂鬱，覺得自己這樣的狀態似乎會持續一輩子，不可能改變。請你告訴自己：

「你可以憂鬱很久很久，每個人難過的時間不一樣，但當你慢慢走完你的歷程，你會重新得力，更勇敢地去開啟新的人生，越逼自己好起來，也許反而好得更慢，你已經在努力了。」

當然很多時候，我們有必須要面對的人生和負責任的事，並不是每個人都可以因為憂鬱而不上班，可以擺臭臉給他人看，但我們總有自己一個人的時候，獨處時把自己的面具拆下來，繼續和自己對話，同時也試著告訴身邊可信任的人，讓他們在你受不了的時候，幫你一把，替你擋一下。我們不用永遠當個強者，我們也不能要求所有的人都必須理解我們，但我們要知道：我不可能完美，但也不需要完美。

♥我會憂鬱很久很久嗎？

難過、慚愧、憎恨、厭惡、快樂，大家覺得哪一種情緒的持續時間最久，最讓人揮之不去呢？

比利時魯汶天主教大學的菲利浦・凡爾頓（Philippe Verduyn）與薩琪雅・拉夫瑞森（Saskia Lavrijsen）於二〇一四年發表一項研究調查結果，主題是《哪種情緒持續最久，為什麼？》

（*Which emotions last longest and why: The role of event importance and rumination*），他們邀請了兩百三十三名學生回想過去經歷過的各種情緒時間，分出二十七種不同的情緒。（見下頁表格）

在心中持續最久情緒前三名為「悲傷」、「憎恨」及「喜悅」，時間最短的前三名則為「厭惡」、「丟臉」與「恐懼」，大概不到半小時的時間。

雖然研究的樣本數不多，且有時數字並不一定能很準確反映我們的情況，但這研究給了我很大的提醒。當研究者把時間寫出來，並不是要讓我們拿來放在自己身上說：「天啊！我已經憂鬱超過一百二十小時了，我真的很糟！」而是要告訴我們：每個狀態都有其歷程，悲傷之所以持續時間最長，是因為悲傷中的我們常常處在無力的狀態，且在悲傷底下還有很多未知且複雜的情緒，我們同時可能還要面對失去與失敗，需要花很多時間心力去面對、去釐清。同樣的，這研究也告訴我們，喜樂可以維持很久，快樂絕不是稍縱即逝，它們會在生命中種下希望的種子，幫我們充電、面對未來的各種壓力，

當我們身陷負面狀態很久很久時，也許可以想想，自己一天當中有哪些時間比較不被

情緒	持續時間	情緒	持續時間
悲傷 Sadness	120 小時	自責 Guilt	3.5 小時
憎恨 Hatred	60 小時	緊張 Stress	3 小時
喜悅 Joy	35 小時	驕傲 Pride	2.6 小時
絕望 Desperation	24 小時	感動 Being touched	2.5 小時
希望 Hope	24 小時	大怒 Anger	2 小時
失望 Disappointment	24 小時	無聊 Boredom	2 小時
焦慮 Anxiety	24 小時	驚訝 Surprise	2 小時
滿足 Contentment	24 小時	惱怒 Irritation	1.3 小時
嫉妒 Jealousy	15 小時	同情 Compassion	1.3 小時
寬心 Relief	8 小時	屈辱 Humiliation	0.8 小時
熱忱 Enthusiasm	6 小時	恐懼 Fear	0.7 小時
羨慕 Admiration	5 小時	羞愧 Shame	0.5 小時
感激 Gratitude	5 小時	厭惡 Disgust	0.5 小時
放鬆 Relaxation	4.3 小時		

憂鬱影響，然後去看看：「哇，那時候的我怎麼了呢？」也可以鼓勵一下自己：「我知道我現在很憂鬱，但憂鬱不等於我這個人。」情緒沒有什麼可不可以，沒有什麼對與錯，它不會永遠持續，一定會有好轉的時候。改變常常就在那一瞬間，在憂鬱覺得它的任務已經完成的那一天。

✦ 憂鬱是有功能的，避免我們一下子獨自面對太強烈的痛苦。

✦ 情緒沒有什麼可不可以，沒有什麼對與錯，也不會永遠持續，當它任務完成的那一天，它自然會跟我們告別。

他憑什麼這樣！真不想要放過他……

放開雙手，
別被憤怒拖著走

你有很討厭過一個人，討厭到恨不得打他一巴掌或狠狠踹他一頓嗎？通常我們在生氣或憤怒的時候，都會有一個對象，譬如「我非常恨我的前女友，她劈腿傷害了我」、「我很討厭我的老闆，他完全不懂得尊重」、「我很討厭我的家庭，都是他們帶給我這麼多的傷害」等等，那些跟你相處時間越長，或是你越在乎的人，對你的影響力就越大，很多不良影響甚至可以稱為創傷。

生活中遇到沒禮貌的人，我們可能也就不開心一下下，但對很多人來說，他們憤怒的對象已在他們的生活中累積造成太多傷害，他們也沒有機會好好表達或自我保護，以至於這個對象在他們的心中占了很大分量，卻始終放不下。請想像一下，你很不爽地抓著一個人的衣領，無法原諒他，但他全然沒發現你抓著他，仍自顧自地拚命大步往前走，緊抓衣領的你反而就這樣被對方拖行著。當我們無法饒恕一個人時，就像處在對方的掌控下，只有當你放手，不再抓著他的衣領，才有可能鬆一口氣，重新邁開自己的步伐；或者你要大聲喊出來，叫他停下跟你好好說話。這兩件事其實都很難做到，這也正是厭世代中總是充滿抱怨的原因之一，我們總是被那些討人厭的對象拖著走，放不了手也做不了什麼，只能怨東怨西了。

學會放手的五步驟練習

放下需要下很大的決心，大家可以閉上眼睛反覆想像那被拖著走的畫面，如果你想要擺脫這種憤怒所帶來的不舒服，不想因為一直拉著對方的衣領而被拖行，你可以嘗試看美國心理學家埃弗雷特・沃辛頓（Everett Worthington）提出的 REACH 寬恕法：

Recall（回想）：先思考一下，自己是從什麼時候開始怨恨對方，而且無法原諒，這股怨恨何時已大到影響到你自己，找張紙寫下來。一開始你有什麼情緒？後來你有什麼情緒？現在你有什麼情緒？情緒在這段過程中，有怎樣的轉變？例如：由愛生恨，從憐惜不捨到憤怒。這一步可能就需要花掉你很久的時間，但也是讓你冷靜下來的開始，漸漸地，你甚至能用第三者的角度，去觀看你所寫的文字。

Empathize（同理）：要同理讓人憤怒的對象非常不容易，也許一時間我們沒法做到，但你可以試著去想，為什麼對方會做出這些讓你憤怒和憎恨的事，他背後是否有一些不為人知的故事呢？這裡需要特別記得，同理不等於同意，也不等同於要否認他對你做過的傷害，你需要的，只是放過自己。

Altruistic（利他）：接著把焦點放回自己身上，思考自己是否也曾做過這樣的事情，是否也曾傷害過他人，是不是也曾經很希望別人原諒我。你可以試著模擬對方寫一封原諒信給自己，然後想想被原諒的自己有怎樣的感受。（所謂的和好，不一定要真實發生，當你內心自己和自己和解，就足夠了！）

Commit（承諾、放下）：跟他說掰掰，放他走，放下那個緊緊抓住的衣領，你已決定不再讓對方掌控你。

Hold（堅持）：前面這些歷程也許需要花很多的時間，特別是當這對象還存在在你身邊，一直影響著你，那你必須要時常覺察自己的狀態，表明自己的界線，甚至練習好好溝通，不要讓人輕易的奪走你該有的開心快樂。

這些步驟，做不到也都沒關係，千萬別因為自己無法放手饒恕他人而責怪自己，這時候你最需要饒恕的反而是自己，愛自己的時間都不夠了，別輕易把時間浪費在對自己生氣，接受自己的軟弱，也鼓勵自己：「你辛苦了！」

失控意味著我們需要時間

如同前面所說，情緒是有層次的。生氣是我們最常使用也最容易出現的情緒之一，但隱藏在生氣下面的，可能是受傷、失望、害怕、可能是寂寞、羞愧、無力，而我們有時稱它為「厭世」。我們可以視生氣為表層情緒，而隱藏在它底下的，才是真正需要被處理的原始情緒。譬如老是破口大罵的老闆，我們總會覺得他無法溝通，只想盡可能遠離或想辦法討好他、讓他開心，但他還是時常無預警爆炸。也許我們可更多地去看一下，在他生氣的情緒背後，可能有著很大的擔心和焦慮，公司的業績壓力壓得他隨時要爆炸，他需要有人能和他一起承擔，讓他可以信任，他需要被同理。只有看見真實的問題並去處理它，才有可能解決這樣的情緒問題。

然而，大多數的人不太能夠輕易覺察到自己真實的情緒，也時常誤解他人的情緒，沒辦法真正對症下藥（**承接處理**），也就更不用說用真實的情緒來表達了。當然，生氣也很可能是來自混亂的大腦，四面八方的資訊與壓力，超出大腦可以負荷的程度，一瞬間大量資料衝入，讓它當機了、噴火了。這時候我們也許會需要旁人的協助，幫忙理清我們的思緒，同時我們也需要告訴自己先暫停一下，停止讓更多的東西衝入大腦，只有腦子冷卻了，我們才能再次運作，值得慶幸的是，這些都不會花我們太長時間，畢竟當機不是壞掉，只是需要長按開關五到十秒，重新開機。失控並不可恥，失控只是代表我們需要時間。

♥ 想法停久一點，後悔也少一點

這個社會總是告訴我們：「生氣是不好的。」所以很多時候，我們連生氣都不敢，更不用說弄清楚生氣底下所隱藏的情緒。然而，情緒的問題會慢慢累積，長久下去，情緒失控成了再自然不過的結果。要想不再失控，真正的方法不是不要生氣，而是要接受情緒的存在並擺脫它的控制。你可以運用這個「自我照顧」的小訣竅：跟自己大腦說：「請等我一下下。」然後開始倒數，從十數到一，只要那麼一點點時間，就可以有很不一樣的結果。當身心狀態稍好一些，我們就能避免做出令自己後悔的行為，因為大腦能蓄積起足夠的力量，幫助你面對外在的環境。

認知行為理論是這麼說的，當一個事件發生時，我們會對這事件有一個想法，接著產生情緒，然後做出行為。事情其實都是中性的，但我們的想法會影響情緒。很多時候，想法跑得太快，大腦可能還沒捕捉到，情緒就跟著衝了出來。這也很正常，因為在我們古老祖先的世界裡，他們必須快速做出判斷，好讓環境中的危險或其他野獸不會輕易奪去他們的生命，如果他們還要慢慢想「現在該怎辦」，那他們大概還沒邁開步伐或拿起武器，就已經被吃掉了吧。所以，情緒的快速出現有其功能，憤怒催促我們趕快動起來，傷心讓我們去尋求支持，恐懼叫我們趕快逃離危險。

只是，生為生存環境相對安全的現代人，我們如果能讓想法停留久一點，就能讓大腦做出更有利的判斷，而不會輕易被情緒帶著走，這並不是壓抑，而是選擇。面對不同事件，我們要知道絕不會只有一種可能，事件是中性的，一切的好壞來自於我們的大腦怎麼想，而有越多的自我覺察時間，就越能夠促使好情緒、好行為出現，你會知道自己到底為何生氣、為何在意，知道生氣底下還藏著些什麼，能有怎樣的行為去應對。多讓想法停留一下吧，這是需要練習的，我們會在每次事件後的反思中，得到成長！

✦ 憤怒容易讓我們受制於人，想像自己被他人拖著走的畫面，提醒自己適時放開雙手，還有更值得追求的美好正等著你呢！

✦ 情緒需要被承接、被看見、被引導。當你覺得自己快爆炸的時候，先深呼吸調節一下，給自己多一點時間，想想有沒有更好的處理辦法吧！

column 1

感恩的練習

在我工作經驗中，接觸過的青少年們似乎很常説「好無聊喔」、「還好吧」、「隨便」。雖然他們口頭上這麼説，但並不一定真心覺得如此，很多時候是因為他們的感知開關關掉了，也可能有些防備或想要耍帥，但還有一個很大的原因：沒有人帶領他們思考，去跳脱受害者的視角，找回人生的掌控權。

前陣子我帶到了一組青少年團體，跟他們玩好玩的桌遊，社工租借了很貴、很大間的樹屋，屋裡冷氣很強，還有便當跟零食，但少年們就是一副「還好」的樣子。我趁接近午餐時間前，坐下來和他們聊了一下。

我説：「其實社工們辦這個活動，花費了很多心思，像是這場地、便當、點心等等，他們很努力地想辦很棒的活動給你們，包含之後可能還有密室、攀岩等各樣活動，都沒有收大家任何費用耶。我想，當他們聽到你們覺得這裡還好啊、沒什麼、很無聊的時候，多少也會難過吧。」

我分享了當天朋友送我摩斯餐卷，讓我享用免費早餐的事，也跟大家說：「我們每天可以好好生活，是因為有其他人的默默付出，想想捷運、便利商店、紅綠燈的設計等等，也都是如此。仔細想想，真的要好好感謝他們。我們來試試看，請你們每個人說一個這週遇到的人，然後感謝他一下。如果真的說不出來，至少對後面辦活動的三位社工說一下吧，你們可都有吃到他們準備的便當跟零食呢！」

有人說：「感謝馬路讓我走、感謝樓梯讓我爬。」（我心想：到底是多無法感謝人，少年的面子真的是很值錢耶。）

我順著他的話：「說得很好，我走路的時候也常常會覺得，這些路被鋪得很平，真的很棒。而且有些鄉間小路，超偏僻的！但都還是被開拓出來，方便人們行走。電梯、樓梯也是，讓我們可以去到很高的地方，我記得之前爬山，有處陡坡沒有樓梯，只有泥土地，真的爬得好累，對於設計出這些東西的人，我真的很感謝他們。」

就著樣，我一個一個順著他們隨口說的，引導出更多和人有關係的內容。但有個少年很有趣，他說：「啊社工就只是坐在後面，我真的不覺得他們有做些什麼？」（我心想：嗚嗚嗚，我剛剛不是講很多？）

我說：「你看到他們只是坐在後面，感覺不到他們有在幹嘛吼？但他們在你們上課的時候，默默做了很多事情耶，不然便當也不會平白出現呀！」

他這才說：「也是吼！」

之後我們繼續原本的團體活動，玩各樣的遊戲，青少年依然各種有口無心，依然各種做自己，但這就是他們真實的樣子，直到最後我用「真心話不冒險」的遊戲，和他們來匿名討論一些東西，其中一題是：「下次還會想參加活動嗎？」

沒想到答案是全部的人都想，大家都很驚訝，因為有很多痞痞的同學，看不出來他們是樂意參加的。最後我請大家留下三句話，匿名寫下對這幾次上課的任何想法，我感受到，大家其實很喜歡這次的活動，只是他們沒說出來、沒表現出來。這也就是做社會工作最重要的，慢慢地默默地做，直等到大家被愛夠了，改變就開始了！

如果你一直覺得生活很苦、環境人事物都很糟，請先閉上眼睛，一起來做這個感恩的練習，想想今天有誰幫助過你，有誰賣食物給你，有誰幫你開了馬路、蓋了樓梯和電梯。

我相信，你的心也會漸漸開始改變，讓自己的生命開始有新的可能。

Part 2

生活小無聊！為什麼別人過得比我精彩？

Intro

身為行動心理師，支持著我到處奔波的一句話是：「你不是在工作啊，你是在旅行！」我的工作總是到處跑，一個禮拜七天，甚至可以去到九個城市。東跑西跑對我來講早就習以為常，儘管每次回程時我還是覺得很累，畢竟舟車勞頓，加上工作的疲勞。只是這麼多年來，在可接受的狀態下，我還是會接一些偏遠的工作。有位桃園復興鄉的社工在我同意邀約後，難以置信地跟我說：「這麼遠耶，你為什麼願意？」我回答：「因為我沒去過呀，那裡應該很美吧，而且你會跟我一起去，所以交通不是問題，當然就答應囉。」

因為這樣的心態，我藉著工作去了好多好多地方，也常常在我的粉專上分享。一個應該要很忙的心理師，怎麼可以到處旅遊？因為「我不是在工作啊，我是在旅行」，工作旅行的過程當中一定會遇到各式各樣的人，把它記錄下來，都會成為回憶的一部分。

也許很多人羨慕我可以這樣趴趴走，但其實每個人都可以，只是有沒有用心的規劃，有沒有找回願意玩樂的心。有些時候我們滑著社群媒體，羨慕著別人，卻忘記問問自己：啊！我可以做些什麼呢？最困難的不是時間、不是距離、不是金錢，而是我們的心疲乏了，覺得遠、覺得累、覺得厭世、覺得羨慕嫉妒恨，渴望別人能夠救贖你，抱怨著別人憑什麼這樣。是時候展開你自己的歡樂之旅了，沒有不好玩的遊戲，只有不好玩的人，沒有不好玩的旅程，只有沒有期待的心。

為什麼別人總是
那麼厲害又活得精彩？

關掉網路，和比較暫時告別，
你可以不被 FOMO 支配

你有網路成癮嗎？一天會花多少時間在社群媒體上呢？我要先大大方方承認，我有，我根本就是秒回王，有事沒事就在滑手機。我很清楚這很沒意義，也並不覺得自己是想獲取什麼資訊，就只是不喜歡有紅色未讀的提醒，很想把它按掉。認真算下來，我真的耗費超多時間在上面，朋友甚至笑我不是在睡覺就是在滑社群媒體。儘管如此，我依然可以去很多單位分享網路成癮的議題，畢竟，接納自己是很重要的一步嘛（笑）～至少，我該做的事情都有做，只可惜還不是時間管理大師，無法有更厲害的產出。

♥ 你今天FOMO了嗎？

厭世代裡，同樣有非常多人沉迷在社群網站中，一部分可能跟我一樣，因為無聊和小小焦慮（面對困難的工作，想藉手機拖延一下）；也有一部分，是害怕錯過了什麼訊息、害怕被遺忘。他們一方面擔心自己沒在社群上分享有趣的限時動態，就會和人斷了連結，一方面也害怕自己沒注意到別人分享什麼，會錯過或沒參與到什麼重要時刻，心理學家稱這現象為「錯失恐懼症」（Fear of missing out，簡稱 FOMO）。從大型聚會到小型對話，甚至是限動，簡單來說就是我全都要知道，以致被大量訊息淹沒，失去了自己的時間，焦慮與害怕的指數一直居高不下。

以下整理一些可能和FOMO有關係的言行，來自我對自己和一些年輕朋友的觀察：

- ▢ 看到別人的生活比我精彩，我會很焦慮。
- ▢ 朋友們聚集玩樂卻沒有邀請我，我會很害怕和生氣。
- ▢ 當發現有人封鎖或者沒有追蹤我，我會不知所措。
- ▢ 我很想知道朋友們都在做些什麼，並透過各種方法取得資訊。
- ▢ 我很想跟上大家的話題與潮流。
- ▢ 每天花很多時間看大家在社群媒體上的發文。
- ▢ 如果不能和大家約會，我會很懊惱。
- ▢ 我很喜歡發限動，還會去看有誰看了我的限動。
- ▢ 無論上班或休假，我都會注意朋友們的社群狀況。

□如果沒有手機、或手機沒有網路沒有電，我就會想趕快回家。
□我會看很多的社群媒體來做決策，像是股票交易。

當你的每一個決定都受到朋友、環境、社群媒體的影響，你就不全然是你了，你已經把自己的控制權交了出去。其實這種焦慮，本質來自我們對自己有許多的不相信，也沒有學習怎麼好好照顧自己，才會讓我們在這資訊流通快速便捷的網路時代中，無法感受到自己的價值與安全感。特別是近年來，投資成為熱門的社群話題，你的情緒可能隨著某位分析師的貼文和相關討論開始起舞，害怕自己沒有跟上這波漲勢，或者沒來得及獲利了結，成了被收割的韭菜。只能說現代人成也網路、敗也網路，FOMO就這樣成了每個人都必須面對的問題。

♥比較來的，不是你的

事業成功家庭美滿，是大家都期望的事情，既然大家都在追求，那不免俗的就會有個模範出現，大至明星周杰倫、富商郭臺銘，小至你的好閨密和親戚家小孩，如果你剛好在這條主流的路上，三十歲左右新婚小夫妻，工作領個兩個半月的年終獎金，時常帶著家人吃大餐打卡，過年期間總是出國度假，完全符合令人羨慕的生活，雖然你其實依然覺得薪水不夠花，但在很多單身族的眼裡，就夠令人羨慕了。

不知道你有沒有發現，很多時候，我們在追求的東西都來自於比較，我們想有個符合社會期待的「正確」人生，看起來才會很成功、很幸福，能夠證明自己的價值。可是，比較是永遠比不完，總有人比我們好，久而久之，我們只顧著去追逐別人擁有的，而忘了自己真心想要的。

請試著停下比較的想法，先探索看看自己真正想要的是什麼吧！當你抓住了自己真心看中的東西時，再怎麼比較，也不會讓你覺得不足。你會發現，我很好、你很好、大家都好，這樣就夠了。足夠的安全感，讓我們更有能力去追求，不是追求大家覺得對的、好的，而是追求你所探索出來的美好。

如果你發現自己真的滿愛比較，向上比會感受到自己的不足，向下比又害怕被人追上，那麼你可以試著做幾件事——

❶把自己比較的對象寫出來。

❷將這些對象分門別類（明星，前輩、有錢人、有家庭的人、有自信的人、熟悉的人、網路世界的人……）。

❸寫下對這些人的羨慕、嫉妒、恨，從中找出你是否在害怕些什麼？

❹如果可以支取他們身上的一些東西，你想要的是什麼？（粉專人數、身材姣好、受歡迎、冠軍獎杯）

❺想想他們可能有哪些不為人知的一面跟辛苦。

❻把那些你想要的東西設為目標，並想想可能會經歷哪些痛苦與艱辛。

❼回頭看看自己的過往故事，當我們羨慕著別人時，自身是否也曾經歷過他人不知道的艱辛，有著被他人羨慕的部分。

❽給自己一些時間活出自己的美好，因著愛而行動，而非因著恐懼而行動。

每個人都有值得學習的部分，每個人的生命故事也都有不同的影響力。因為人的獨特性，讓我們對世界有了不同的眼光，與其為了嫉妒而停下腳步生悶氣，不如大方承認自己的羨慕，跟著邁開腳步去成長。用自己的生命故事，去成為有影響力的人，就算現在的你可能覺得自己好像還不夠格，但當你越給予，你越會發現到自己的力量。

❤成也網路，敗也網路

幾年前，美國的網路上流行起一首作者不明的小詩——〈每個人都有自己的時區〉，我覺得對於比較心態和FOMO問題來說，是一個很好的回應，摘譯如下與大家分享：

紐約時間比加州時間早了三個小時，

但這並沒有讓加州時間變得比較慢。

有人二十二歲大學畢業，等了五年才找到好工作！

有人二十五歲當上CEO，五十歲就去世了。

也有人五十歲才當上CEO，一路活到九十歲。
有人還正單身，也有人已經結婚。
歐巴馬五十五歲卸任退休，川普七十歲才剛上任。
世上每個人本就在自己的時區裡過活。
身邊有些人好像走在你的前面，有些似乎走在你的後面。
但每個人都只是跑在自己的賽道上，在屬於他們自己的時間裡。
不用嫉妒他們或嘲笑他們。
他們都在自己的時區之中，你也一樣！
人生的學問就在於等待正確的行動時機。
所以，放輕鬆吧。
你沒有落後。你沒有領先。
在命運為你安排的時區裡，一切都會準時。

說起來，我真的很享受有網路的世界，它讓我們可以快速更新各樣資訊，學習很多新東西，讓教育變得更有趣，甚至還可以是賺錢的工具。先前滑著FB看到一篇文章，寫著「二十大臺灣人氣心理師」，我就想點進去看一看，沒想到看到自己的名字和照片，嚇一跳的同時也覺得很不可思議，哇，原來我是個可以被叫出名字的人呀！以前讀書時期對心理師的印象，總覺得要保持點神祕，到了真實環境才發現，你需要讓人們知道你，才會有工作找上門，自我的行銷和經營越來越重要了。我並沒有很努力經營自己的粉專，通常是想分享什麼就分享什麼，意外地成了有點網紅型的心理師，甚至接到了一些業配。我常和朋友開玩笑，原來不是只有美女網紅可以業配，胖胖心理師也可以！但不得不說，粉絲的讚和觸及，多少會對我的心理帶來影響，有時候也會看到別的心理師那麼棒，而對自己的生涯有些許焦慮。

網路就是這樣，帶來了那麼多好處與便利，也默默帶來了各樣的問題，特別在孩子青少年階段，父母們但凡看到談網路成癮的書和講座，都急著想了解，想幫孩子「離開苦海」（雖然很多時候大家自己也樂在其中）。也許是因為，親子關係中要解決的問題太多、太抽象，網路議題只是最容易被看見的代罪羔羊，家長們紛紛把各種問題怪罪於孩子使用網路，逃避面對真正的問題，正如同孩子逃避現實生活中的困難，進到網路世界尋找連結和愛。只是網路世界仍有著其他危險，霸凌、比較、言語攻擊等問題一樣會發生。

有時候我還是會回想，沒有網路的時候我在幹嘛？國小時，下課寫完功課就跟同學去公園騎腳踏車，跟朋友出去玩時會一起看星空聊天，我們會動手製作很多有趣的小玩物，玩雜貨店賣的小遊戲，其實滿輕鬆愜意的。自從讀研究所開始有了我第一支智慧型手機後，生活習慣就發生了大轉變，我不再寫小紙條給同學，不再把有趣的文章寄送E-mail分享，不再因字數與費用問題而用心編輯簡訊……漸漸地，我也很少抬起頭來看這個世界了。

網路真的沒有不好，但沒有網路的生活也可以很好，如果你的世代從未經歷過沒有3C用品的年代，也許你可以刻意給自己一段不一樣的體驗。你會多了很多和自己相處的時間與空間，你會發現是世界沒有你不會完蛋，你沒有這麼容易消失在人們的心中，你會發現肩膀的重擔變輕了，你會看見平常沒看見的東西。也許，你也會有機會發現自己新的一面。

✦ 資訊越多，我們越怕錯過。別忘了適時放下手機，為自己內心的聲音多留一點空間與時間吧。

✦ 嫉妒讓人停滯，羨慕使人成長。用更開闊的眼光看看自己與別人的故事，你會發現自己越來越有力量。

放假總是睡整天，是懶散還是心累？

接納深陷無力感的自己，
找回慢慢進步的成就與動力

「你還好嗎？」

「我好累呀～」

日常生活中我們很常聽到這樣的對話，就連我自己也常常這樣講，而厭世代間的這種「疲累」，似乎不是休息一下就可以解決的問題。以我自己來說，只要有工作，通常都需要很長的交通時間，上班前的人擠人，跟忙完整天沉重的步伐，總是讓我回到家開門第一句話就是：「好累喔……」但如果沒上班，我常常會睡到中午，起床吃點東西後，又會回去睡個午覺，醒來忍不住要問自己：「怎麼可以這樣一直睡啊？」彷彿我身體這臺機器的電池出了點問題，隨時需要待機休眠去充電；但碰到出去玩的場合，一切又都不一樣了。看起來，我累的是心而不是身啊。

♥ 總是疲憊不堪的原因

你呢？你是身體累還是心靈累呢？或者兩個都很累？身體上的累，有時間的時候，可以靠呼呼大睡來重新充電，但如果是心靈上的累，那就不是件容易的事了。特別是如今的厭世代，可能是生活中的壓力，可能是身心疾患的影響，失眠已成為大多數人深受其害卻又習以為常的狀態。沒有好的睡眠，就沒有好的生活品質，心力有限的狀態下，做什麼事都加倍費力。

要知道，累的時候最需要休息，然而很多時候，我們在忙碌中忘了該怎麼休息，或者覺得自己被一股力量莫名控制著，告訴我們現在不該休息，還有什麼事等著我們去付出、去完成。

要想真正好好休息，只能靠自己，去想想那個「累」是怎麼來的，去想想為什麼無法讓自己「不累」。網路上有很多的壓力量表，我常會把這些壓力量表中的問題，當成自我反思的題目，提醒自己：「現在的我正處在壓力狀態中。」輕微的壓力也許會帶給我動力，但如果壓力累積過多，反而會打垮我。我的心是需要被照顧的，我需要的是動力，而不是放任壓力的累積。你也一樣，當你發現自己是「心累」的時候，可得認真看待。

造成心累的原因有幾個：

❶生活中有太多無法掌控的事

我們固然期待一帆風順的人生，所有事情都照著計畫走，但如果真的如此，只怕人生也會變得很無聊吧。

然而，無法掌控，也就意味著我們隨時隨地需要面對各式各樣的狀態，會焦慮、會恐懼，自然也會讓我們感到疲憊。不過在這過程中，我們也會慢慢成長，更會在種種挫折與失敗中發現：原來，比起現實中的狀況，我們自己想像出的災難（災難性思考）還比較恐怖呢！

❷在日常生活中找不到成就感

每當我們認真努力完成一件事情，無論大事小事，都會有成就感，讓我們感受到自己的價值。但有些時候，你發現自己的生活日復一日、年復一年，沒什麼好開心，也沒有成就些什麼。這其實是個警訊，代表你開始需要為自己而活了。成就感的最大來源其實是自己，不要仰賴他人給予你價值感，就先從看見自己的美好來找尋成就感吧！

❸沒有學習的動力和機會

學習，是最能讓我們有動力的事之一，它的燃料來自我們對未知的好奇。反之，如果覺得自己學無可學，這股動力自然陷入枯竭，反映在生活中就變成了無聊與疲憊。

世上有非常多東西值得我們去學，無論是新的科技、語言、甚至是遊戲。有些人誤以為學習就必須「實用」，要可以幫助我考試加分、工作加薪、人緣變好等等；但更多時候它真正的用處在於帶你進入從未踏入過的世界，認識到不同的人事物，打開全新的眼界，激發出更多創意與美好。尤其是那些沒什麼目的的學習，它對你心靈的充電效果，往往比那些為了某些目標去做的事，來得更好。

❹承擔著人與環境所給予的重擔

社會環境壓得我們喘不過氣，父母的期待、經濟的變遷、從買房到結婚生子，社會中既定的模組等著我們去完成，好像沒有做到就是奇怪的人。

我們總是不免被世俗的眼光和人們口中「成功」的定義給影響，懷疑起自己是否真的這麼不ＯＫ，然後拚了命去和大家像一點，於是我們盡力把光鮮亮麗的一面展現出來，而回到家後，只剩下精疲力竭的自己。

這時你需要的，是分辨出別人的期待和自己的期待，重疊的部分當然可以去實踐，而那些相異的，就是造成自己心累的原因。閉上眼睛，想想哪些重擔要還給別人，哪些重擔可以讓自己練身體，去承擔那些自己可以承擔的吧！

❺缺乏與他人和自我的正向連結

每個人都有軟弱的時候，都需要一座避風港，好安心地做自己。好的人際支持能夠陪伴、鼓勵你，不好的人際支持會笑你、扯你後腿。一起抱怨的朋友和一起努力的朋友，一開始感覺差不多，卻向著不同的方向走。

你可以在生活中的不同人際圈中，找到正向的連結，別讓某些不好的人際關係占據了你大部分的心力；主動靠近善良的群體，適度轉移心力，才不會總是把自己的能量消耗殆盡。

從接納自己的無力開始做起

子慧是一個正在準備考公務員考試的研究生，每天生活的目標就是準備考試，偶爾去打打工；看似很有動力和方向的她，卻隨著時間過去，越來越失去戰鬥力。一開始，子慧逼自己每天六點準時起床讀書，但在天氣越來越冷之後，她就開始賴床，後來甚至到下午才會開始讀。她發現自己好像總是東摸西摸地去做很多不重要的事情，覺得自己很糟糕，跟朋友出去玩也充滿罪惡感，書是越念越沒信心，成天唉聲嘆氣。

面對這樣的自己，子慧只覺得越來越累，晚上失眠只好瘋狂滑手機，白天精神差到不行，面對當初排好的讀書進度，好像欠債一樣，無法完成，到頭來乾脆徹底放棄。她越來越討厭自己，討厭這個考試制度，討厭身邊各種東西。

自我責怪的力量是很強大的，我們每天都可以對自己說很多話，可以鼓勵自己、安慰自己，當然也可以責怪自己。我們會吸收很多外界人士對我們的看法，把它轉換成我們對自己的看法，當自我責怪的狀況越來越嚴重時，連他人的關心慰問，我們都會解讀成對自己的種種質疑。

請別讓心很累的你，因為自我責怪，失去了自我照顧的最佳方法，斷絕了所有外在的美好連結。當你進入了嚴重心累的漩渦時，你需要的不是著急與它對抗，反而要先從接納自己的無力開始做起——

❶接受自己，告訴自己「這是正常的」

覺得天氣好冷，想要好好賴床偷懶，是一件再正常不過的事。既然你決定要多睡一點，就好好睡吧，休息是為了走更長遠的路。可不要賴床了卻還想著自己好糟糕，讓自己連想多睡一下也睡不好，不但浪費時間還增加疲累。我們的計畫是彈性的，是為了幫助我們更輕鬆有效地達成目標，但如果你發現自己總是做不來，那不妨先從修改計畫開始，把目標調整成更適合自己的難度，或是把複雜的任務拆解成一個個更容易達成、方便檢核的目標，讓每次達成小目標得來的成就感為你加油打氣。

❷聚焦在自己身上

很多時候，我們看見身邊的人很努力地生活著，就會覺得自己這樣懶散好像有點糟糕。然而你需要的是休息而不是比較，你休息，意味著你對自我需求的照顧，並不代表你是個糟糕的人。如果你無法停止認為你自己很糟糕，那就接受這個糟糕的自己吧，然後問問自己：要讓我不那麼糟糕的話，我可以做些什麼事情呢？現在的我是幾分？零分的時候有多糟？一百分的我又會有多美好？那麼現在的我可以做些什麼、讓自己慢慢往一百分前進呢？我們不再需要因為沒做到一百分而自我苛責，而是要看見自己每天都有一點點進步而微笑。

❸相信自己是有可能的

當我們規劃了很多行程，正準備一一去完成，卻又被自己所破壞的時候，心裡可能出現許多不同的情緒，可能是憤怒，可能是懊悔。但你是否也曾聽到，心中有個聲音正說著：「其實還有空間、時間，休息一下沒關係吧？」試著讓自己的計畫保有彈性，為內心那個想休息的自己留一點空間吧。閉上眼睛回想一下，你是否曾有過事情做不完的時候？又或者你總能在最後一刻把該做的事完成呢？我們需要學習的，是放下對自我的責怪，並且替自己該做的事負起責任。其實大多數人在重要關卡，都會展現出超乎想像的能力，要把事情搞砸其實沒這麼容易的。

❹把大困難變成每一個可達成的小小行動

最後，不妨去把你需要做的所有事情記錄下來，各種事情照著緊急程度依序排好，睡覺前再花點時間想想，有哪些事情是明天一定要首先完成的，又有哪些事情其實可以再多放幾天。同時，也可以把那些困難的事情，切成小小份的幾個階段性任務，你會發現，原來事情並沒有想像中這麼難。就像寫一本六萬字以上的書，光想就很可怕；但當你把它想成寫二十篇三千字左右的文章，聽起來好像就多了一點完成的可能。可能忙的時候寫上一句話或一兩百字的段落，有餘力的時候就再多寫一些，讓整個計畫是彈性、可接受變動的。

當你把所有要面對的事情，一件一件清楚排列下來，映入眼簾的便不再是一大堆的困難，更像是可以各個擊破的標靶，讓你更有信心去面對。一步一步來吧！這樣不僅可以增加你的信心，也會大大降低你的疲勞感。

✦ 厭世代口中的「累」往往是心累，這是由於太常處在壓力狀態中，或者忘了照顧自己的需求所導致的。

✦ 人不可能隨時都活力滿滿，會感覺懶散無力再正常不過，關注一下自己內心的需求，讓自己喘口氣，適時調整一下你的計劃或工作安排吧！

想當塊會呼吸的肉，
我需要耍廢的勇氣⋯⋯

掌握五大要領，
你可以「廢」得更有價值！

身為行動心理師，我的工作有明顯的淡旺季，兩者間的收入差距超過十倍。可想而知，一般人在遇到淡季這種收入銳減的情況都很容易恐慌，我多少也會，但面對這樣的焦慮，這幾年我有了一個很好的應對方法，就是「耍廢的勇氣」。

這年頭人們太需要勇氣了，好像只要把所有「不好」的東西後面接上「的勇氣」，我們就能為自己舉起叛逆的大旗，跳脫那些被世俗定義為「好」的框架。只可惜看完了書、知道許多道理，生活還是老樣子，我們終究有太多太多包袱，希望自己不要被討厭、不要感情破碎、不要形象不完美，就更別提耍廢了，所以總是沒有真正的勇氣去做一些「不好」的事情。

但耍廢真的不好嗎？我們這就來介紹一下，到底什麼是「耍廢的勇氣」——

❶一天做一件有意義的事就夠了

我們總覺得一天之中要做很多事，才會過得有價值。如果在忙碌的一天裡完成一項任務，我們會很有成就感；但如果我們今天失業，或是宅在家裡毫無方向，我們會覺得自己很糟糕。你或許聽過有人說「停頓能幫助我們找到方向」，但落到自己身上時，往往只找到焦慮，擔心經濟、擔心健康，甚至擔心起國家。因此有時我們笑說，「就是太閒才會胡思亂想」，這句話真的挺有意思的。因為不想胡思亂想，所以一定不能讓自己太閒，可惜的是，打結的大腦不會因為你忙碌就不出來吵你，只有梳開這個結，才能真正享受悠閒。

在工作量很少的時候，我經常整天待在家，比起看書我可能更愛滑手機，可以重複滑FB和IG，滑到靈魂出竅，三不五時看到別人工作賺大錢，或是有各種卓越的產出，此時我不免會用我空洞的雙眼，望向自己肥肥的肚子。

我後來發現，行動是解決焦慮的好方法，一直滑手機可能會讓我潛在的不安感提醒我得做些什麼，於是我會去打開一本書閱讀一下，很多時候真的就是讀一下，看個兩、三章這樣就夠了；或者我會打開電腦打點文章、做點簡報；又或者整理房間、做些家事、去外面買點菜回來煮等等。除了這些自己一個人可以完成的事情之外，我也可能會送個飲料給朋友探班、跟很久沒見面的人聊聊天、吃吃飯，又或者跟年紀較小的孩子玩桌遊，增進人際關係的連結。有意義的事，一天只要有一件就夠了，但這不是在交功課，而是讓你看見自己，正在面對自我、努力成長中。

❷ 整天完全沒動也是一件有意義的事，叫做休息

雖然大家的嘴巴都喊著要休息，但如果讓你在家一個禮拜什麼事都不做，你受得了嗎？很多人會說：「那當然，我要睡給他爽。」但我相信你應該沒多久就會開始受不了，你內心的罪惡感會跑出來跟你說：「你還要混多久啊！你還有什麼事沒做啊！別人都在努力，你離別人越來越遠囉！」

二〇二〇年新冠肺炎大流行，剛過年完，大陸就宣布延後開工，臺灣則宣布延後開學，假期突然變得好長，許多人必須居家隔離十四天，新聞上還出現有趣的畫面，一個國中的孩子想奪門而出，哭著跟媽媽說：「我好想上學啊，我想出去上學，我不想一直在家了！」孩子無聊到受不了，大人則更擔心未來，沒辦法藉這段時間好好休息，畢竟耍廢也是需要勇氣的。

假使你真的有段時間可以什麼都不做，請告訴自己：你不是什麼都沒做，至少你做到

了「休息」這件事，這會讓你的未來更有動力，讓你擁有和自己相處的時間，表現也會更出色。請給看似耍廢實則在充電的自己一點肯定吧！

❸當別人覺得你很廢，跟對方分享你今天做得最有意義的事

這世界不太允許我們放鬆，當你看似什麼都沒做時，常有人來替你擔心或表達關心，就像過年大家害怕遇到的長輩提問：「工作薪水多少啊？」「什麼時候結婚啊？」「什麼時候生小孩啊？」「這次考試考怎樣啊？」

若是過得符合世俗標準，當然可以大大方方回答，只是這樣的人終究是少數，每個人在工作或感情上都有著自己的難處，遇到瓶頸不能扭頭就走，太多心底話終究開不了口。正因如此，擔心達不到別人期待的恐懼，在我們後面追趕著，在在提醒我們要一直努力下去，直到達標，或者力竭。

我曾遇過一位已經四十幾歲的媽媽，她說她好想去海邊放空、畫畫，但她不行，因為她爸爸會覺得身為一個好媽媽、好太太，不能拋下家人去做自己的事情。聽起來很誇張對

吧？但很多時候，我們就是被社會環境、被家庭教養給限制了。厭世感常來自於我們無法停下來放鬆，殊不知，也只有停下來我們才能夠改變。

不用因為別人覺得你廢就被影響，如果你做到上面第一點和第二點，請鼓勵自己已經很棒了，一天至少做一件小小的有意義的事情，或者好好充電，好好和自己相處，你可以更相信自己，並試著跟別人分享。別人的意見和指教可以參考，但只有你自己能照著自己的速度前進，替自己的生命負責任。

❹讓別人羡慕你的耍廢，彰顯你的價值

一個能好好休息、好好找到自己速度的人，是很令人羨慕的。人們一開始或許會批評你，這源自於他們的擔心和焦慮，但你也可以讓他們羨慕，在耍廢的時間內，主動去和人建立良好、友善、有愛的連結。舉例來說：假如你正好暫時脫離職場，還在找工作中，有半年的失業補助金可領，那就不必著急找到工作，你可以休息一下去做自己想做的事。也許你的朋友和父母會擔心你，甚至一直叫你趕快找新工作，與其和他們爭辯，或是忙著投

履歷，不如像我一開始說的，去買杯咖啡探班朋友，帶家人去好好吃一餐。錢可以再賺，但在能力所及的範圍去愛，你會感受到自己不一樣的價值。

日本有一位厲害的「出租先生」，他也是因為生活上的壓力，決定來當個什麼都不做的人，如果你有需要可以找他，譬如陪吃飯、陪上班等等，只要付他車資就好。他想證明，什麼都不做也可以是個有價值的人。沒想到他這個有趣的貼文發出後，真的好多好多人來預約他的服務。最後這些故事變成了書、變成了戲劇，也為他帶來了收入。在我閱讀他的書時，心裡真的很佩服他這有點厭世、卻又創造出意外價值的行動，真的廢得閃亮！

但也要在此提醒，如果你真覺得自己一蹶不振、很長時間都完全沒有任何動力，做不了任何事情，這種情況下有可能是因為心生病了，此時尋求專業協助就成了一件很重要的事。

❺突然忙到無法耍廢也沒關係，耍廢不會生你的氣

最後，千萬別因為我們說好要耍廢，就把耍廢這件事看得太重要，重要到讓自己因為

沒好好耍廢而產生罪惡感。我們隨時可以決定自己現在要超認真戰鬥，或是安逸地去休息。人的內心其實都隱藏著向上的動力，有時候感覺來了，也許就代表你已經充飽電了，那就放手去做；本來每天都睡到中午，今天突然想早起吃早餐，那就去吃。當你可以掌控何時要耍廢、何時要努力時，你就徹底擁有「耍廢的勇氣」了！

我知道，你可能會看見身邊有許多不需要勇氣就可以耍廢的人，他們用一種消極的態度來面對生活，好像在偷懶、在擺爛，但對他們來說，這很可能是他們獨力面對自身難處的最好方法。比如懼學的孩子，他們在學校遇到困難，害怕與人接觸，以至於不敢也不想出門；他們雖然懼怕學校但不是拒絕學習，只是這行為容易引起身邊人的焦慮，像是家長和老師，深怕孩子跟不上時代、擔心孩子的人生就此失敗，同時也不知道自己可以做些什麼，不知道自己的安排到底是對是錯。

我們都有愛的人和親密的人，這些人和我們的關係緊密，很容易受其影響；我們也很容易想介入他人的世界去給予幫助，藉此降低自己的焦慮。但有時這像是個惡性循環，我們承擔了他人該負擔的責任，也期待起別人來滿足我們的需求。真的想要改變，只能靠自己，改變所需要的時間也因人而異，只有過好自己人生的人，才能去愛他人和尊重他人。等待是一項很難但也很重要的功課，我們只能要求自己行動，但我相信，每個人都會因著愛的緣故，替自己的改變，負起應負的責任。

✦ 耍廢其實不廢！你可以耍到人人稱羨，也可以藉此機會為自己充飽電，為下一段美好預做準備。

✦ 耍廢之餘，別放棄與人建立友善、有愛的連結，把握好每一次付出的機會，你會感受到不一樣的價值。

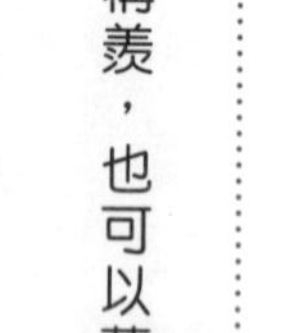

找不到自己的優點，只能接受「我就爛」？

換個角度描述自己，
看見翻轉的可能

身為一個桌遊心理師，這裡要來跟大家分享一套桌遊——《換言一新 FLIP》，我用這套遊戲，翻轉了無數的人。每個人都可以改變，透過閱讀、透過玩樂、透過覺察、透過相信、透過改變眼光。當你開始轉換說話的方式，改變看待自己的眼光，你就正在翻轉，它不僅是一種正向聚焦，更像是一座聚光燈，讓你看見希望，並且散發光芒。

我在執業過程中，會面對到一些非自願個案或是弱勢家庭，他們很多時候不太有自我覺察和分享的習慣，這時我會用遊戲的方式，去跟他們建立關係，透過桌遊來引導出大家的想法。而《換言一新 FLIP》就是一套介於牌卡和桌遊之間的遊戲，它可以讓我們藉由卡牌彼此分享，同時又擁有遊戲的機制，讓大家邊說邊玩邊猜，去看見自己和他人原來可以如此不一樣。當我們能夠改變眼光，奇妙的事情就發生了，本來討厭的人事物，也許會美好到讓我認不出來，甚至影響到彼此之間互動的關係。

♥ 換言一新，從覺察到相信的路

《換言一新 FLIP》是由韓國教育心理學博士設計的遊戲。這套遊戲很簡單，一共五十張卡片，分為正反兩面，一面是弱項特質（例如：欠缺幽默感、不喜歡與人合作、難以拒絕別人），一面是強項特質（例如：享受改變、信守承諾或規則、待人溫柔），裡面的詞彙大多跟自我和人際有關。

遊戲有很多玩法，每一張牌所代表的也都是作者的想法，我們可以不認同，但卻可以學習他的遊戲機制，作為自我覺察與改變的方法，以下就簡單說說我是怎麼玩的。

把五十張卡片弱項朝上放在桌上，每個人選擇覺得自己擁有的特質。比方說，你是一個書桌總是很乾淨的人，你可以選「難以容忍雜亂無章」這張牌到你的面前；你是一個無法自己吃飯、無法忍受單身的人，你可以選「依賴他人」。一次請拿四張牌放到自己前面，其中三張真、一張假，這個假的要可以讓人以假亂真，也就是別人可能常常誤以為你有這個特質（但其實你沒有）。這個選牌的過程，就是一種覺察的時間，畢竟五十張當中你只能選四張，相信能被你選進來的，一定有其原因。

就像這樣，每個人可以自由分享自己的牌，說說看為什麼你這樣覺得，然後讓大家猜猜哪個特質是假的，最後公布答案解釋一下；一組大概五到六人，大概一小時的時間，就能讓參與者快速地認識每個人的三種樣貌。

當你聽完對方的說明後，也許你會發現，這些弱項特質原來並不討人厭；也或者你聽到別人認為你並沒有某個弱項特質時，你會學到用另一種眼光來看待自己，這就是一種很棒的人際交流。

儘管這些弱項特質聽起來沒那麼討喜，若是聽到朋友用這些詞彙描述他人，還可能讓自己對他人有不好的印象，但只要我們改變一下自己的眼光，也許就能翻轉整個環境。這套遊戲就展現了這樣的奇蹟，當我們把大家的卡片裝進遊戲附的紅色牌套裡，洗一洗翻過來，放在桌上，突然間，六個不討喜的人就變成了六個大好人，這是怎麼回事呢？

❤ 牌卡翻面，弱項也能是強項

遊戲說明書上說，每個弱項特質都有其正向的一面，也就是有正反兩面，但我認為這樣說不是那麼精準，應該說，每個弱項特質都有被翻轉的可能，只是有沒有人相信，無論是當事人或他身邊的人。也就是說，弱項特質或者說所有不好的事物，都可能因為被承接、被看見而有所改變；而那些強項特質，那些好的東西，其背後「不一定」會有弱項特質存在。

舉例來說，我最喜歡的一張卡片：「容易失去興趣」，這個弱項的背面是「勇於嘗試新事物」。這讓我想到以前的一位個案，他國中畢業後沒有繼續讀書，出去找工作又一直碰壁，做兩三天就開除老闆，以前都沒有好好讀書了，進到職場當然也有很多不適應，令社工們很苦惱，想說這樣到底怎麼辦，他做什麼都一下下就失去興趣，然後就放棄了。但後來我發現，他有一個很特別的地方是，當他一不想做現在的工作時（無論是被開除或是開除老闆），他馬上就去找下一個工作，沒有想要休息的意思。跟很多失敗就放棄的孩子比起來，我反而覺得他的勇氣很值得鼓勵。我跟他說：「我覺得你很勇敢地去嘗試很多新東西，雖然看起來好像一直換工作，老師們也都很擔心你，但我也發現你的勇氣，你不是不做，只是還沒找到真的適合你的，是嗎？」

他說：「老師你居然覺得我很有勇氣，我想說我就是什麼都做不好，反正這社會就是容不下我這種人。」

我說：「辛苦了，職場真的不容易，我有看見你很努力，有沒有可能我們可以一起來討論一下，看看怎麼樣有機會找到一個能做久一點的工作，一起來看看之前的工作都發生了什麼。」

那位被看見「勇於嘗試新事物」的人，他開始有機會被翻轉，不再只是一個「容易失去興趣」的人，也許有一天他會在某個職位上發光發熱，他會去跟其他人分享，他嘗試過很多不同的工作，最後找到了自己想要的。你覺得屆時在臺下聽他分享的人，會覺得他是個容易失去興趣的人嗎？應該不會，因為他的弱項特質已不再影響他，也不存在了。

牌可以翻轉，眼光可以改變，端看你怎麼看待自己。陳志恆心理師的暢銷書《正向聚焦》裡就強調，我們不要一直去看不好的，而是去看見那些很好和不一樣的地方，或者調整自己對他人的期待。你可以改變看事情的角度，改變問問題的方式，去看見自己或孩子已經做得很棒的地方。不只是正向聚焦，我更想說的是你懷抱信念的眼光，會帶著你穿越不好的一切，朝向美好前進。你可以看見不一樣的自己，也可以看見不一樣的別人，你無法要求別人改變，但你可以改變自己的眼光和態度，改變和對方相處的方式，就像這個遊戲所帶給你的一樣。

♥精細複雜的人性使用說明書

在《換言一新FLIP》這個遊戲中，作者把人分成五類，提供了我們可以相處的方式和注意事項，但我覺得我們不用輕易地把人分類，而是要知道，無論是面對是自己或別人，只要改變心態和眼光，就會有很大的不同。人際相處的功課永遠學不完，因為每個人都是獨一無二又精細複雜，但漸漸的，你會摸索出屬於你與他人的互動方式。

一個「冷漠、平淡、愛計較、缺乏情感」的人，他可能是個「合乎邏輯、有效率、實際、有條理」的人。當你跟他相處時，可以先有心理準備，也許他的斤斤計較讓你不舒服，他冷漠的態度讓你尷尬，有時也會因他的冷酷而生氣，而且他好像開不起玩笑。既然如此，你做好你該做的事情，照著計畫執行，不開輕浮玩笑，用最好的邏輯和想法來說服他，你們就能有很好的共識。

一個「保守、愛批判、率直、固執」的人，他可能是「有責任感、很有系統性、很有領導性、很規律」的人，也許你很難說服他，可能會因為他缺乏變通而覺得厭煩，也覺得他說話不懂修飾，讓人不舒服，不太懂得去看見人的情緒。所以和他相處時，就要記得公私分明，認同他好的一面，看見他的能力和成就。

一個「羞怯、缺乏自信、自責、依賴」的人，他可能是「做事小心、冷靜、有耐心、謙卑」的人，你的動力可能很容易被他消磨，你很難理解他在擔心、退縮些什麼，加上過分依賴可能讓你感到焦躁，不知該如何讓他更勇敢更積極。所以當你和他相處時，有個舒適安全的氛圍是很重要的，有時候多給他一點時間，不要強迫他，多給予一點鼓勵和讚賞，你便會看到他一步一步往前，雖然不快，卻很令人放心。

一個「好管閒事、過於慷慨、情緒耗竭、猶豫不決」的人，他可能是「友善、貼心、有同理心、細心」的人，他可能對你有很多關注，讓你不舒服，他的優柔寡斷加上雞蛋裡挑骨頭，可能讓你不開心，你也可能對他和每個人之間的界線模糊感到不舒服。那麼當你和他相處的時候，你可以多請他給予你協助，多跟他分享、多給他微笑和鼓勵，當他感受到安全與價值之後，他會是很好的幫助者。

一個「衝動、變化莫測、自我中心、放縱」的人，他可能是「有創造性、好奇、純真、追求自由」的人，他不禮貌的行為可能會惹怒你，衝動的行為和隨心所欲的態度可能不斷破壞你的計畫，也讓你很焦躁。當你和他相處時，你可以尊重他的個人特質，給予他改變的動機，也需要給他一些自由的空間，給他多一點的刺激和自主權。

這樣說下來你有沒有發現，人際間的困擾好像也並不總是無解，雖然可能還是有滿滿的無力感，再多的努力也難免遇到某些剋星。但他有他的議題，你有你的議題，此時我們只要看回自己身上，知道自己的界線在那裡，知道我能忍受的範圍到哪裡，知道自己可以是有權力的、不是只能被支配。當你越清楚知道自己沒辦法當個完美的人，就越能輕鬆地去和他人相處，開始用不同的眼光去看待自己、他人、關係與環境。

✦ 牌卡可以翻轉，眼光可以改變，你懷抱信念的眼光，會帶著你穿越不好的一切，朝向美好前進。

column 2

迷失在網路世界的我們

心理學中有個理論叫「周哈里窗」，根據「自己知道」和「別人知道」的我劃分成四個象限，分別是「公開我」、「盲目我」、「隱藏我」、「未知我」。（見下頁圖）

每個我都是我，但一個越成熟健康的人，「公開我」的部分是越大的，因為他可以有足夠的「安全感」去表現那些他可能比較不好的一面。理想狀態下，我們都希望在健康的環境下，展現自己「隱藏的部分」，不需要壓抑和偽裝；也可透過聆聽他人的建議，減少自己的「盲目我」，而不至於覺得被攻擊。

除了這四個我，隨著科技發達，人們藉由網路接收到各樣新鮮的資訊，也透過網路建立起各樣的人際互動，漸漸形成了「網路我」，一個一直需要努力塑造美好的我。

在網路世代中，我們已經習慣透過網路來了解身旁的人，也透過分享來告訴別人，現在的我過得好不好。但這些並不全然是真實的，網路讓人們可以有所選擇地去展現自己最好的一面。為了讓別人覺得我很好，我需要更多地隱藏；也因為網路的匿名機制，各式各樣的攻擊對我們的心靈帶來了傷害，對自我的評價也隨著網路上的留言起起伏伏。

當你對自我的定義越受到「網路我」的影響，就越沒有時間去建立真實的「公開我」。透過陌生他人的回應來建立自己的價值，實在既脆弱又缺乏安全感，於是你更容易以為，「只有別人在乎的我才是最重要的」、「我必須要別人知道我很好」、「我要別人羨慕」，彷彿唯有按讚的數量能代表我的價值，好友的人數能反映我不孤單。

在這脆弱的世代，我們可以如何跳脫這這種

	自己知道	自己不知道
他人知道	**公開我**：人前展現的一面，我和他人都知道的自己	**盲目我**：他人知道的我，但我自己沒有覺察到的自己
他人不知道	**隱藏我**：只有自己知道，但別人不知道也看不出來的我	**未知我**：我和他人都不知道的我，還有很多的可能但還沒有嘗試過的未知潛能

困境呢？

❶隨時照顧好自己的感受，提醒自己：我是有價值、被接納、被愛的；我的價值並不取決於網路平臺上的幾個數字。

❷更多聚焦在自己的努力，而非結果，看見自己在過程中的專注投入，以及學到了什麼，讓自己感受到更多的成就感。

❸建立良好的線下支持，讓家人或好友能適時接住你的脆弱，同理你的不容易，給予你所需要的陪伴，必要時也可以尋求他們的建議。

❹面對網路上的評論，或想要評論人事物時，提醒自己始終保持同理心，先停一停、想一想，有沒有更美好、更充滿感謝的視角呢？

❺在網路之外嘗試體驗更多不同的世界，原來生活中還有這麼多元的選擇，還有好多開啟自身潛能的機會。

當我們擔心網路對自身與他人的影響，也別忘了，很多時候，這只是我們「逃避現實壓力」和「尋找自我價值」的方法。我們擁有撐住自己的能力，也能透過線下的真實互動來撐住彼此。當得到足夠的「安全感」後，我們不只能自在做自己，也能勇敢分享自己的問題，擴大「公開我」，既不需要依靠網路世界來塑造自己的美好，也不會輕易被脆弱的「網路我」給影響了。

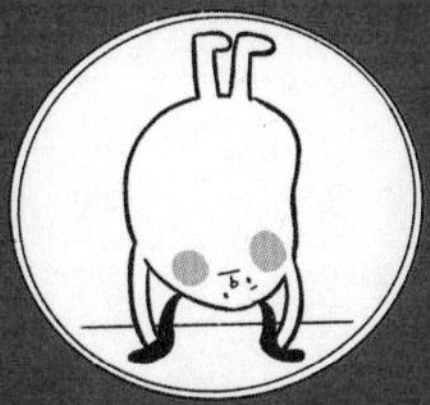

Part 3

人際多煩惱！為什麼跟人相處好難好難？

Intro

每個人都有自己的個性，來自不同的家庭，大家能聚在一起，是件多難得的事。在不同背景與個性的影響下，人與人之間的相處，能讓你看見自己的問題，藉此反思改變，自然有所成長，但若總覺得別人有問題，我們就很容易卡在一個循環裡，走不出來。

常有人說：你是你生命的主角，你可以活得很精彩。但我聽過一個更酷的說法：你是主角，所以你是有臺詞的人，有劇本要念。劇本就像是一個方向，臺詞講錯幾個字沒關係，不用百分之百一樣，自由發揮也可能有意外的精彩表現，但整體方向不能錯，重要的關鍵詞也不能錯。

導演為你寫了一個超棒的劇本，身為主角的你，就需要把戲演好，說對臺詞。如果說錯，換來的就是「卡，重來一次」，一直說錯就一直卡。如果你發現自己一直反覆遇到同樣的事，一直遇到渣男、一直遇到壞老闆、一直很衰，那就代表你可能說錯了臺詞，你可能沒有按照這美好的劇本走。

什麼是錯的臺詞呢？是抱怨、是批評、是自憐、是質疑。是時候轉個方向了，你是主角，你有責任去把戲演好，你有你的臺詞要念，念對了才能順順地演。每個人都有自己的角色和劇本，也許今天別人念錯了，多少影響到你，與其翻白眼瞪他，不如鼓勵他說：「我們一起把戲演好吧！」

一齣美好的戲，也許過程曲折離奇，但只要方向是對的，就能順利演下去，不會一直受到過去的影響，不會輕易被打趴，就算遭遇失敗，我們也能替自己負起責任，跟其他演員一起努力，成為精彩的一部分。

距離越近越難溝通，
該怎麼讓家人聽我說？

用尊重與好奇取代不解與抗拒，

跨越心和語言的鴻溝

真的，要說最難相處的人，大概就是家人了。學校可以轉，公司可以換，偏偏家不行，它是我們一生下來就被決定好的地方。一般人和家人之間的關係總是有愛有恨，更有些人因為種種原因，決定保持距離或徹底決裂，去找尋下一個家。這都是我們的選擇，也都有著各自必須去面對的功課。

♥ 拉開距離，才有溝通的心力

「家」不只是一棟建築或所謂家人，而是一個讓你可以感覺到安全與歸屬感的地方，對於厭世代的人而言，一個可以做自己、徹底放鬆的地方，實在太重要了。也許有些幸運的人，他們在職場中、在社交場合裡，能感受到被愛的溫度，也能有回家的感覺。只是，想要擁有被愛的溫暖感受，有個很重要的前提：你是否有接受家人／他人關愛的心力？

我玩過一套桌遊叫做《Why 工作 How 生活》，遊戲正如其名，希望大家可以玩出對自己的了解，要如何找到工作的使命，如何在工作之餘能好好生活。遊戲裡提到一個有趣的概念，就是「心力有限」。它把每個人的心力數據化，每個人的心力值是十分，正常工作占五分，如果工作占到六、七分，可以領加班費，但如果工作直接用掉十分心力，那就過勞了。假設你花七分心力在工作上，下班後你就只剩三分心力可以過生活，你需要在不過勞的狀態下，選擇自己還能做些什麼。問問自己：我還有心力陪家人嗎？我還有心力去進修嗎？我還有心力參與活動嗎？或者，你剩下的心力連回家照顧家人都不夠，只能像進入省電模式的手機，什麼都做不了地等著明天到來。

很多時候，不是家的溫度不夠，而是我們預留的心力太少了，這也是因為我們在工作職場中，耗費了太大的力氣，以至於回到家裡，沒辦法有好臉色彼此相待，容易因一些小事情被激怒或吵起來。這時該怎麼辦呢？我們首先要做的，不是道歉認錯、自我檢討，而是要離開現場，彼此保持距離。

聽到這話你可能大吃一驚，怎麼會是這種答案？正常來說不都是要先自我反省、積極溝通嗎？你居然叫我保持距離？其實，拉出一點距離，我們才有空間可以自我修復，否則不只工作會過勞，維持家庭中的人際關係也會過勞。彼此越親近，情感連結越深，就越容易受到對方影響，也難免摩擦或受傷，這也是為什麼有人說「家庭會傷人」。家庭是我們第一個學習人際連結的地方，每個人都有著自己的不成熟，表達愛的方法也都不一樣，與其貿然責怪，不如先想辦法讓自己靜下來，看看自己能如何更有界限地和重要的人相處。

♥保持距離之後，我們可以做些什麼？

拉開距離之後，接下來又該怎麼做，才能讓自己做好之後面對面溝通的準備呢？此時不妨拿出紙筆，照著以下幾個步驟來試試看吧：

❶深呼吸、調整心情、自我照顧，先讓自己的心情慢慢平穩下來。
❷把剛剛一些不舒服的對話寫下來，看看是哪幾句話激怒了你？哪幾句話引發了你的情緒？哪些話讓你覺得被攻擊？
❸試想他們想要表達的是什麼？有哪些好的部分、有哪些不合理的部分？
❹寫下對好的部分的回應。
❺寫下對不合理部分的回應。

❻想想自己期待的家庭關係是什麼。你需要的是什麼?自己可以做出怎樣的改變?又或者可以接受怎樣的現況?有時真正需要調整的不是他人,而是你對家人的期待和看法。家人的存在固然重要,但如果壓得你喘不過氣,意味著你和家人之間的界線是模糊的,請先試著分辨出哪些是自己的事,哪些則該由對方負責。

把想法寫下來後,自己再閱讀一遍,你會發現自己看事情時好像多了第三人的視角,你甚至可以去想「喔,原來他是這樣想的啊」,當你有足夠心力的時候,才有辦法心平氣和地去回應對方。例如媽媽跟你說:「你到底為什麼非要做這工作,趕快找個人嫁了比較實在,不要每天在那邊瞎忙。」這話引爆了你,讓你覺得不被尊重,不被理解。其實你知道她想表達的是關心,是對你工作辛苦的心疼,可是對你來說,結婚生子並不是現在生活的重心,而且你工作很認真,才不是在瞎忙!在這種情況下,我們可以擬出如下的回應:

○對好的部分的回應:【意識到媽媽的關心】↓謝謝你的關心,我知道你在擔心我,希望有個人能夠照顧我，但現在的我過得很好，我在我的工作當中努力著，希望你能夠給多一些信賴跟尊重。

◎對不合理部分的回應：【我不是在瞎忙，婚姻也不是我現在追求的重心】→我沒有在瞎忙，我在努力打拚，這是我想做的事／想完成的目標，找個人結婚不是我現階段覺得最重要的。

這邊寫下的回應，並不是真的要給當事人看，所以你想罵髒話或說話難聽也都可以，這是屬於你自己與自己相處的時間。最後你可以想想：

- □你對家人的價值觀是否感到壓力？是否需要與之溝通？
- □你期待的是什麼呢？（譬如：爸媽給你足夠的尊重、自己可以有很好的工作成就、家人和樂融融、自己可以賺很多錢好帶家人出去玩）
- □你希望的有可能達到嗎？如果要達到，你是否需要做些什麼改變？如果達不到，目前有哪些已經做得很不錯的部分呢？

我們每個人都是獨立的個體，有各自的想法和期待，但關係是互相的，如同跳舞一般，進退轉圜還須彼此搭配。也許我們也附加了很多期待在家人身上，無形中成為別人的壓力。有時我們會覺得「你應該要理解我呀」，卻忘了自己面對朋友時都比面對家人還有耐心，還願意細心說明，家人反而沒有這種好待遇。用「想想自己能做什麼」來取代「都怪你這樣對我」的受害者感受，你才能夠真正和親近的家人溝通，改善彼此的關係。我知道這對很多人來說並不簡單，慢慢來吧，從一點一滴調整自己心中對家人的期待開始，讓自己擁有更多調整的彈性，你會逐漸有更多心力和家人相處。

♥縱然不懂，依然保持尊重

在家庭溝通問題裡，還有一個很容易被提到的概念，就是「代溝」。大家可能都有這種感覺，覺得下一代很多行為令你難以理解，覺得愚蠢，讓你忍不住想說：「我真的搞不懂現在年輕人在幹嘛？」這種想法發生在任何年齡身上，大學生討厭高中生、高中生討厭國中生、國中生討厭國小生，職場老鳥討厭菜鳥，父母看不下去孩子的作為。如果今天請你寫下年紀比你小的人的傻眼事件，也許你也能寫出一堆，像是：把瀏海髮捲捲在頭上出門逛街、沉迷抖音到專注力無法超過十五秒（但也許年輕人也在笑老人看的TED演講總是囉唆沒重點）。

好，現在轉過頭來想想，不論現在還是過去，你自己又有過哪些言行舉止，是讓比你大的人難以理解的呢？像是：我高中時的運動褲穿的是4L超級垮褲、會帶各種顏色的隱形眼鏡、餐飲業打工一天就離職、半夜偷跑出門去酒吧……。

不論是那時還是現在，我們的言行舉止大都出自我們的價值觀，可能覺得好玩、覺得帥、覺得有意義，所以去做。我們也都不喜歡被評斷，特別是青少年時期，更常會用叛逆言行來證明自己是獨立的個體。

我們都經歷過這樣的時期，甚至至今仍是如此，那麼，在遇到類似的情境時，我們是否能夠用更多的尊重與好奇，來取代不解與拒絕呢？舉例來說，面對奇裝異服的青少年，與其嫌說「醜死了」，不如問問：「購買衣服有這麼多選擇，你是怎麼決定買這件回家的呢？」並且告訴自己，除了真正的危險急難之外，聽聽對方的想法，學習放手的功課才是更重要的，面對比自己年長的父母也是一樣。

只有當我們開始學會安靜聆聽他人的時候，才是我們真正成熟的時候，也唯有家中開始有一個真正成熟的人，其他人才會漸漸被影響。想要知道怎樣才能讓家人聽明白自己說什麼，就先來試著聽明白家人們到底想說些什麼吧！

✦和家人適時拉出一點距離，我們才有空間可以自我修復，否則不只工作會過勞，維持家庭中的人際關係也會過勞。

✦想知道怎樣才能讓家人聽懂自己的話，先試著聽明白家人們到底想說些什麼吧！你的成熟表現，會讓家裡的溝通環境慢慢改變的。

一面對人群我就好緊張，
連話都說不好……

只在乎該在乎的人，
其餘人等就平常心看待吧！

活潑外向的人總是讓人羨慕：「好好喔！你可以這樣面對大眾侃侃而談。」畢竟有很多人面對群眾講話是會害怕發抖的，甚至連兩三個人的小型會議，都可能緊張得受不了。不論在學校還是職場，害羞的人真的很吃虧，高敏的人真的很吃力，其實沒有人不想交朋友，如果能夠好好說話，誰想要總是當個角落生物呢？

♥ 歡樂心理師其實很怕尷尬

先來談談我自己吧，我覺得我是個害怕尷尬的人，偏偏我的工作有夠尷尬！時常要面對不理我的非自願個案，或是沒人要聽的研習，總是需要自言自語，應該也是因為這樣，我才逐漸培養出帶動氣氛的能力。

面對場面尷尬的講座，我會在開場時就跟大家說：「我知道大家都是被逼來的，如果你願意聽，我會很開心，也希望今天可以給你一點收穫，但如果你真的很不想聽也沒關係，祝你有段美好的休息時光，大家不用擔心我，近年來我練就了自言自語的技能，錄了很多podcast，如果你們有興趣，可以搜尋『心理師的歡樂之旅』。」接著，我就開始講我自己的。

雖然大概有百分之二十的場次完全沒人在聽，但還是有很多講座可以感受到大家的認真（畢竟以我的吵鬧程度，還是滿難睡著的啦）。

我最怕的還是那種人數破百人、為期一整天的場次，因為無法運用遊戲互動，對我來說簡直像是斷手斷腳一般，這時我會想辦法調整自己的語調，在過程中加些故事，或者透過提問讓大家舉手表態一下，為的是「給我自己製造被鼓勵的感覺」，雖然沒有近距離的個人互動，卻能感覺到大家和你是同步的。不得不說，臺下聽眾的眼神、點頭、做筆記，都會給我很大的支持。所以你說，怎樣的講座比較累、怎樣的講座比較輕鬆？我以前都以為和人數、時間有關，後來發現是和成就感有關，當大家覺得你講得很棒且和你有互動時，你的心裡就會很輕鬆；當聽的人一片死氣沉沉，你真的會覺得度秒如年，無比沉重。就算是講一樣的內容，花一樣的時間，卻有著天壤之別。這也是目前線上課程常遇到的一大困難，疫情期間有好多線上課程，大多數的參與者不會開鏡頭和麥克風，在看不見大家的狀態下，對講師而言真的是很大的考驗。

每天面對大批人群，怕尷尬的我有三種因應的行動方案：

❶**想辦法讓氣氛變好**：所以我運用很多的遊戲化教學，隨身攜帶桌遊。

❷**改變心態**：把講座當成在錄podcast，不期待臺下的反應，內心告訴自己：「我今天講得很棒、我快講完囉、我要下班囉～」

❸**替自己找到被鼓勵的感覺**：簡單問問題讓大家舉舉手，或是把注意力放在認真的人身上。

面對困境，找出行動解決，或是改變期待與心態，當然也可以避免那些不喜歡的，就像有些心理師選擇一對一的治療工作、有些選擇錄製線上課程、有些選擇寫文章，同樣的專業可以有不同的表現方法，就更不用說轉換工作了。面對職場、人際、生活，我們都可以有各式各樣的選擇，壓力可以是動力，但過大的壓力卻會讓我們放棄，適度評估自己的狀況，在舒適圈的邊緣慢慢自我突破，每個人都可以找到屬於自己與人相處的模式。

設好心理距離，只在乎你該在乎的

疫情期間，大家都有安裝一個APP叫做「社交距離APP」，利用藍牙功能，記錄你和他人之間的相處時間，萬一你接觸過的人之中有人確診，他把ID上傳後，你的APP就會出現「與確診者資料比對有接觸」，並顯示接觸時間，時間越長，代表你越有可能和確診者有長時間相處，確診的機率也越大。

只是疫情期間最可怕的，不是病毒而是焦慮，新聞媒體的過度渲染，造成很多人人心惶惶，搶購物資，排隊群聚，只為讓自己安心。每每看到確診者增加的數字，或是看見自己社交距離APP出現紅字，即使只是「與確診者相處小於兩分鐘」，都能讓你緊張到想要趕快快篩、打電話到衛生局、衝去急診等，好證明自己沒事（或是證明自己有事，畢竟已經焦慮到明明沒事也會自我懷疑是偽陰性）。

說起來，這APP的設計其實很像心理學提到的「人際距離」，我們每個人和不同人的心理距離其實各不相同，像一個同心圓，中心是你，第一圈是親密距離（伴侶、孩子、家人），第二圈是個人距離（好朋友、親戚）、第三圈是社交距離（同事、朋友、工作往來）、第四圈是公眾距離（陌生人、點頭之交）。這四種區別對應了實際上的距離，譬如你跟伴侶會常常靠在一起、跟閨密手牽手、跟同事吃飯時相對而坐、跟工作來往的人鞠躬握手、跟陌生人點點頭（當然，擁擠的捷運上你可能真的只能和人黏在一起，但會感覺很不舒服，這也是為什麼通勤時大家都紛紛戴起耳機玩手機，用想像來替自己製造出與外界隔絕的距離感）。你也可以把這同心圓想像成心的距離，離你越近的人，相處時間可能也越長，對你的影響更大，你也更在意他們的看法，你會想在他們的面前表現出最好的一面，獲得他們的肯定與讚賞，這是很正常的。

同樣的道理也反映在人際交流上，我們本來只需要在乎頭一、兩圈的人。但如果我們沒有設定好心理距離，要在乎全部的人，你對自我的期待會變成「我要讓每個人都覺得我不錯，我要隨時都表現得很好」，這不僅很消耗能量，也容易讓你在面對他人時緊張害怕，不敢拒絕他人，也會因被拒絕而難受；你會有「冒牌者症候群」，害怕被別人看穿你的不好，失敗變得好可怕，展現脆弱變得好危險。殊不知，這樣的狀態更容易把事情搞砸，而讓自己陷入懊悔的循環。

累積小經驗，翻轉大未來

回過頭來，我們需要去學習的，就是分辨「不同的人對我的影響程度可以有多大」，把自己在面對時會害怕、會緊張、會生氣、會難過、會無法好好說話、會無法拒絕的人和事件寫下來，幫他們打個分數，然後想一想：這個人或這個事件，應該是在我的第幾圈呢？

越內圈的人分數越高是正常的，但如果有些外圈的人分數高得嚇人，那就可以細細探討一下。可能我們特別害怕某些權威人士、很害怕公開場合、不敢跟同行對話，這些過高的分數，其實都來自於我們的自我價值感偏低，擔心自己不好，在意別人看法，所以沒辦法輕鬆自在面對各樣狀況。

沒有人天生就能大大方方面對人群，每個人都是從不同的狀況中累積經驗建立自己，累積一次次的小經驗，就可以為你的未來帶來大改變。除了一些臨場的實用小方法之外（譬如好好深呼吸，對自己信心喊話「我可以的」），我們更需要在每一次面對挑戰過後告訴自己：「我很棒，我正在進步中！」無形之中，你就能擁有替自己充電的能力！

我們都有屬於自己的舒適圈，在圈裡可以輕鬆和他人對話、輕鬆做自己。對於內向的人來說，也許舒適圈真的超級小，甚至只塞得下自己的寵物，這時若是一瞬間被逼去和一大群陌生人相處，那就跟坐雲霄飛車還沒繫安全帶一樣。但在每一個舒適圈的邊緣，都有一小圈拉鋸區，是你可以慢慢跨出一小步去練習的，這一區會因為你跨出一小步而回饋給你成就感和價值感，漸漸地，你的舒適圈會變大，開始不是只有寵物，還出現了好朋友、好家人。有時和人面對面相處會覺得困難，也可以使用手機傳訊息，使用 E-mail 和人處理公事，這些都會幫你換取多一點點的時間，讓滿臉通紅、如火在燒的你，慢慢降溫，幫你更好理清自己所想表達的頭緒，有更好的表現。

✦ 想獲得人們的肯定與讚賞，這很正常，但也別忘了給自己足夠的認同與鼓勵，讓自己有更多能量與勇氣去面對挑戰！

真的處不來卻又避不開，職場人際太麻煩！

職場中不著急找朋友，
先讓自己成爲成熟的人

都說「上班好同事，下班不認識」，在職場中能交到朋友可是件不容易的事。雖然在公司和同事相處的時間，往往比跟家人相處還要長，說不做朋友好像也很奇怪。但職場環境不像校園或其他社群相對單純，有權力與利益間的問題，有階級與分工，也有競爭與比較，我們要扮演的不單是自己，更是名片上的角色，不能不謹言慎行。

朋友間可以有很多情感交流，彼此可以接受對方的撒嬌或玻璃心，但在職場關係中，完成自己的責任、有清楚的原則才是首要條件，溝通模式和一般朋友關係相差甚遠。而且，和朋友的相處中，我們容易有各種期待，期待對方和顏悅色、主動幫忙、記得你的好，這種期待套用在職場關係裡，反而容易因失望而感到受傷，成為大家在職場中厭世的一大原因。當你遇到令你失望的情境，想要質問「對方怎麼可以這樣」之前，不妨也先回頭問問自己：「我期待對方做到什麼呢？」或許有助釐清你的受傷感受。

這並不是說職場上不能交朋友，而是在這樣的環境中，彼此要先能扮演好成熟、有責任感的角色，雙方才可能進一步變成真心好友。所以說，如果你能在職場中交到朋友，那真的是件很幸運的事。

先當好同事，再當好朋友

我是自由工作者，從研究所畢業起就是個沒同事的人，平常又大剌剌的，喜歡到處交朋友，在他人面前總是盡量展現自己真實的一面，所以起初聽到人家說職場中的為難處，我都有點無法理解。但隨著時間過去，我慢慢感受到，哇！原來並不是每個人都可以接受你如此做自己。

真誠沒有問題，但你不能忽略每個人對事情的價值觀和想法有著多大差異，你隨時可能被質疑、被批評，這些都在在考驗著你的自我價值，你需要辨認出別人是胡亂批評，還是自己真的需要改進。

一個覺得「處處可以是朋友」的人，要懂得尊重他人同時保護自己，要知道有些人對人際關係的想法和你不同，也要知道關係是互相的，兩者間的距離不是單方面可以決定；有些看起來一拍即合的關係，不一定可以很長久，日久見人心，時間是對關係的最佳考驗，長期的各種互動下，自會逐漸篩出屬於你的人際圈。

經過長時間的相處磨合，我的確在不同的城市中結交到不少好友，特別是在花東，我的好友們總像家人一般迎接我；當然，也是有遇過許多相敬如賓的關係（也許就只合作一次）。我後來反思自己的職場人際關係，雖然沒有固定的同事，但每個與我共事的人，也都可以算是同事或客戶；我可以做到的，是跟每個人建立不錯的關係，建立起好口碑，讓他們願意和別人分享與我合作的經驗，乃至多次合作之後，能一起吃個飯，甚至一起出去玩（我真的常常被花東的社工帶去好多地方玩），進而從同事慢慢演變成朋友，甚至家人。這正呼應我前面所說，先做好同事，再做好朋友，對於職場人際關係來說，這樣適切得多。

劃出溝通底線，我也有互動的決定權

當然，即使身為自由工作者，即使身為講師和心理師，我一樣遇過很多牛鬼蛇神，也有被欺負的時候，剛出道時更曾被氣哭。有次我很好地完成了一場講座，回程打電話跟朋友聊天，講著講著就哭了，這才發現原來自己心底有好多委屈，只是當時為了完成任務所以沒發現，下臺後才有辦法照顧自己的情緒（演講也是種登臺演出，必須有演員的專業）。如今，當我遇到不理想的合作對象時，我開始能學著拒絕或保持距離，並和自我對話，把對方的不合理和攻擊還給對方；雖然一樣會有情緒，但能有智慧地去處理不舒服的感受，先想清楚自己的底線，才能好好把自己的原則傳達給對方。

疫情期間，有場工作就令我印象深刻。某單位臨時希望我可以在家裡事先把講座內容錄影起來，好讓他們後天對全校的孩子播放。雖然時間非常趕，但考量到疫情帶來的變動，也體諒到老師的辛苦，我答應了聯絡的老師，當天花了很多時間錄好影片，當晚十一點傳上網路、寄給老師。

沒想到隔天下午，老師又來問我是否可以趕快把檔案傳給他。我請他先收信，他收完信過了十分鐘，卻跟我說長官覺得內容不適合。我一瞬間很難接受他傳給我的幾句話，腦中浮現很多OS。一陣深呼吸後，我稍微平靜下來，傳訊息告訴他：「很遺憾明天上課前，我已沒有空檔可以幫你們修改，如果老師覺得不合適，可以刪減你們覺得不好的片段。由於我已經花時間為你們錄製影片，提供了課程內容，費用部分還是需要支付，也希望你們可以花時間把影片看完，謝謝。」

後續自然少不了其他溝通，只是我很清楚知道，自己當下很生氣、很不舒服，所以有花了些時間，把自己的狀態寫下來，好讓自己更清楚理解發生了什麼事。我認為過程中我已經盡力，也對自己講述的內容有信心，覺得足夠用心跟努力。我考量到對方的辛苦，但感覺並沒有被認真看待，所以我生氣。我也問自己，是否要幫忙他們做些修改？但自知沒有太多時間跟心力，所以拒絕了。如果是剛出社會的我，可能會擔心對方認為我不夠配合，默默選擇遷就，但隨著年紀增長，我漸漸知道自己沒辦法滿足所有人，一定有人覺得我不夠好甚至說我壞話，我也可能因此受到影響，但只要我繼續把自己該做的事做好，就足以證明自己了，所以我能有拒絕對方的勇氣。

在這次事件中我告訴自己：「可以上到我這堂課是件很棒的事，學生一定會有些很棒的收穫，如果老師們不喜歡沒有關係，這是我的工作，我的重點在於付出後收到費用，而不是討好老師。」未來我可以選擇不再和該單位合作，也可保持開放的心態，也許這次過程中有什麼誤會，也許不打不相識呢？重點是，不單純讓對方來決定我好不好，我也同時擁有互動的決定權。

沒法甩頭就走，至少瀟灑看破

一個人想離開一份工作，總會有各種原因：薪水不夠、工作內容無法勝任、不喜歡公司的文化和信念、失去熱情與動力、想轉換不同的環境等等。其中，人際關係的問題往往也占了很大比例。但考量到現實與經濟能力，我們不一定能輕易離職，勢必要想辦法調適，否則只會讓壓力越積越多，變得更難和他人相處。

坊間有很多書在教我們如何面對各式各樣的人，但真的沒有任何文字可以百分之百說中你和他人的狀態。與其找到讓你能見招拆招的武林祕笈，不如先簡單學會該如何有智慧地表達自己的感受與狀態。忍耐也許是第一步，接著就是自我的覺察和調適，同時也要記得，我今天的任何行為，都是自己的選擇，該要自己負起責任，減少說出「都是因為他……」、「要不是公司……」這樣的話。這些指責與抱怨，其實都是在默默把我們的掌控權交出去，就像讓自己重新回去當個還沒長大的孩子，如果我們學不會承擔責任，就沒有辦法面對人際與環境中的挑戰。

在人際關係裡，我常會告訴自己：「可以跟我當朋友是一件超棒的事，如果對方不要沒關係，是他虧到。」所以我真誠待人，但也同時保有彈性，尊重他人的決定，且分配心力，試著辨別和他人之間該有的距離，好讓自己和他人盡量能擁有舒服的界線。當然過程中多少可能覺得「好心給雷親」，也常常被朋友笑說「人太好很容易被搞」，傷心、難過、生氣這些情緒一定都難免，只是它們影響我的時間不會太久。也許是因為我越來越相信自己的價值，也擁有許多健康的人際關係，成為我的防空洞，當我不舒服的時候，我可以去躲一下，支取力量後重新出發。

✦ 和朋友的相處容易有各種期待，這種期待套用在職場關係裡，反而容易因為失望而感到受傷，成為大家在職場中感到厭世的一大原因。

✦ 真誠待人，但也同時保有彈性，尊重他人的決定，且分配心力，試著辨別和他人之間該有的距離和界線，讓彼此都能保有舒服的空間。

別人遇到都是真愛，我遇到的都是渣男？

追求長遠關係沒有捷徑，
但路徑並不唯一

你看過 Netflix 紀錄片《Tinder 大騙徒》嗎？內容來自真實故事，講述男主角西蒙·列維耶夫（Simon Leviev）假扮成鑽石富豪，詐騙多位女子的愛情龐氏騙局。影片一開始，我們看見的是女孩分享著在交友軟體上尋找關係的喜悅感，滑呀滑的，每次配對都是一個希望，都像是一個肯定，殊不知最後的結果，卻讓她們的生活變成一團亂。

♥ 網路交友的騙局是怎麼來的？

我們先來談談交友軟體上是否有真愛好了，你可能聽過一些不同的答案：

- 是，很多人都經由交友軟體而成家立業，我想我也可以。
- 否，中間有太多未知因素，誰知道對方是不是只想要玩玩而已。

真實的答案是這兩個相加，有些人希望透過交友軟體找到一段認真地感情，有些人希望藉由交友軟體來滿足慾望，也可能有些人是希望用交友軟體來詐騙錢財。虛虛假假的互動關係中，每個人都可以有不同的偽裝，都在探索著彼此，也都對彼此有所提防，想騙人好像沒這麼容易。但透過這部紀錄片，我們驚訝地發現，也許我們每個人都可能成為受騙者，不是因為我們笨，而是因為我們在這段關係中感受到被愛、感受到我們的價值，這個「被愛」和「尊貴」的感受，足以讓我們做出任何事。

那麼，西蒙．列維耶夫是如何讓人掉入陷阱的呢？

❶主動快速地分享自我，讓你覺得安全（資訊透明公開，讓人信任）。

❷新鮮的體驗，讓你因新鮮而感受到興奮（臉紅心跳）。

❸特別的付出，讓你感受到自己不一樣。

❹軟弱的顯現，危險的訊息，讓你感受到強烈的不安感。

❺每次的出現，都讓你的不安喘一口氣。

西蒙．列維耶夫出現了，每當他出現，就成為你在不安的汪洋中唯一的浮木，但你已忘記，你會感到不安正是因為他！此時焦慮不安的人們，已經沒有辦法理性思考，當初對網路交友的提防，或是朋友們的勸告，早就拋之腦後。「他很需要我，我要想辦法幫忙他解決問題；這麼有錢的他只是緊急、暫時需要幫助，而我是他很重要的人，我不幫他，萬一他出意外了怎麼辦？」或許你同時也會想：「要這麼多錢耶，他會還我嗎？」接著你的大腦告訴你：「當然會啊，他是大富豪耶！」

在這過程中，我們「認知失調」了，這種感受很不舒服，所以你的大腦開始找尋一些證據來支持你的行為，「我不可能被騙錢，他之後會還我的。他是大富豪，我做的對他來說只是小錢，只是現在不幫不行。何況我之前就幫過了，現在還差一點點，就再幫一下吧，他就快脫離險境了。」

沒有人希望被騙，每個付出真心後發現自己被騙的人，也都傷痕累累。渴望愛的人很多，喜歡玩弄他人感情的人也很多，每個人都有自己不為人知的故事，每個人也有各種不同的身心狀況需要去探討。雖然《Tinder 大騙徒》的故事讓人警醒，但當我們看完紀錄片後，如果只覺得「渣男好可怕」、「女生也太笨了吧」、「交友軟題沒有真愛啦」，那就太可惜了。

付出真心前，先知道自己要的是什麼

現在有很多交友網站或APP，看到那些別人配對成功的例子，不少人也投入了大量的金錢和時間，為的就是可以得到幸福。我曾聽過一個朋友小雅說：「為什麼其他人一樣玩這個網站，可以結婚生子，過上幸福的日子，但我卻不行？」「我沒有要約炮！我是要認真的，為什麼遇到渣男？」看著別人的幸福，小雅催逼自己努力，但不知為何命運總不站在她這一邊，反而顯得和別人的距離越來越遙遠。

我跟小雅說：「你的朋友們在交友網站認識多久結婚呢？真的都這麼快？」小雅說：「對啊！很多人都這樣！」看著小雅難過的表情，我知道她背後除了孤單寂寞，更多的是希望自己能跟其他人一樣幸運、一樣幸福。我問小雅：「你有想過你真的需要什麼嗎？你很急著找到另一半嗎？」小雅回答：「我不知道，可能就是想要人陪吧，因為工作忙碌，害我沒有機會認識好男人。都這麼慘了還遇到只想玩玩而已的人，不覺得很可悲嗎？」

如果你的狀況和小雅相仿，也許你要先想清楚自己要的是什麼，再去展開追求。乖乖牌的小雅，想要一個認真陪伴她的另一半，渴望幸福美滿的家庭，但當她在交友網站中著急找尋並付出真心，總換來許多傷害和不解，甚至懷疑起自我的價值。

追求幸福說難也難，說不難也不難，渴望被他人疼惜的前提，是先開始愛自己，你有權利喜歡一個人，而不是等著被喜歡，你不是被挑選的，也有著自己獨特的魅力。追求幸福之前，先好好保護你的心吧！工作忙碌不會是藉口，交友網站也不是認識對象的唯一方案，找到自己有興趣的社團或活動環境，真實的和人群接觸交流，也許慢慢來真的比較快。

人們都渴望美好關係，渴望愛情、渴望自己是尊貴、有價值、被愛的，以下幾點提供給大家，希望我們都能夠不要被愛情騙局弄得遍體鱗傷。

❶**慢慢相處**：我們每個人都可以塑造各種形象，但關係需要長久的建立和相處磨合。網路交友講求的是快速，但在便捷的背後，危險性也相對地高。儘管有些人相處起來很容易讓人信任，也請記得告訴自己要慢慢相處、慢慢觀察，別一下就把自己整個人都交出去了。

❷**別太相信自己情緒性的決定**：人的大腦常在重要時刻當機，特別當焦慮不安的情緒來臨時，往往會做出一些自己後悔的事情。這時，身旁有能談心的朋友是很重要的，他們

會是幫助你踩煞車的好幫手。

❸**考量自身能力**：人們總說「談錢俗氣」，好像不借人錢很小氣，但當你真打算借人錢時，最好還是先抱持拿不回來的心理準備。你可以接受損失的底線是多少？你和這個人的關係足夠讓你為他犧牲多少？當你借錢出去之後自己又會付出多少代價？這些是你在給予之前可以試著多想一下的。

❹**相信自己是尊貴、有價值、被愛的**：很多人都在尋找愛的路上被騙，其中一個很大的原因，是因為他們不相信自己是被愛的，他們渴望一段關係來證明自己是有人要的，以至於有一點點被愛的感受出現，就全然的付出，失去了理性。相信自己是尊貴、有價值、被愛的，能讓你用更通透的心態，去看待彼此互動的過程。

想要追求一段長遠關係，沒有捷徑，但路不只一條。如果你在網路交友的過程中常常碰壁，不妨多花些時間，透過現實生活中的團體，和其他人建立關係，特別是一些共同興趣、共同信仰等等的社團組織。你會在團體互動中主動看見自己的價值，知道你不是一個只能被動等待人來愛你的人，更會因為愛自己而散發魅力，無論是否有伴，都能活出自己的價值！

❤讓人愛上你的五個好方法

記得之前去咖啡廳時，看到一句讓我印象深刻的文青話：「這世界最幸福的事，就是發現你愛上一個暗戀你的人。」我想很多偶像劇的劇情，都是從這句話出發吧！你愛一個人而那個人也愛你，這是多麼美好的事情，無論是你被對方的愛給感動，或者是因你的努力讓對方愛上你，時間總是醞釀出許多美好的故事。但這一切有個前提，你們要能看見彼此。這裡提供一些小方法，讓你有效散發個人魅力，讓你的對象更快被你吸引！

❶擁有自己的特色、興趣和想法

雖然說大家都喜歡人很好、很隨和的人，但有自信的人在人群中更容易散發光芒。自信來自於自我接納而不是驕傲，所以不需要去學別人，而是探索出自己的興趣，對事物保持開放的心。網路上有各式各樣對時事的解析和看法，你可藉此學習用不同角度去理解事情，慢慢整理出自己的想法與價值觀，讓自己的世界更加開闊，成為一個有趣的人。

❷尋找並建立和他人的共同興趣

興趣可以培養，除非你真的完全不喜歡，假設你很討厭花花草草，那也不必勉強自己爬山，否則那種不真心的感覺，他人也感受得出來。我們可以透過社交軟體先了解到對方的興趣，讓自己嘗試一些對方也喜歡、也曾做過的事，這能成為很好的話題，也有機會與對方一起出去。對話內容也可以慢慢從淺淺的打招呼，到有深度地去分享和討論，製造更多了解彼此的機會。

❸活用「曝光效應」偷偷業配自己

無論是FB廣告或是電視節目的冠名贊助，很多東西你只要常常聽見，它就會默默進到你的腦子裡，當你真的有相應的需求時，你會因為熟悉、習慣而有安全感，選購該品牌的東西或該樣產品。人也是一樣，在社交媒體上分享一些自然有趣的東西，特別是有臉的照片，你也會默默地置入到他人的腦海中喔！（小提醒：同理，也請記得少發一些罵髒話或奇怪的文章，網路世界凡走過必留下痕跡，不只影響交友也可能影響到職涯。）

❹真誠的正向聚焦

前面有提到一個重要概念，真誠。常有人問說：「我覺得我也很努力了啊，為什麼就是沒有什麼效果。」有句玩笑話叫「人帥真好，人醜性騷擾」，一樣的行為，有些人做起來感覺很討厭，有些則讓人覺得很有趣，這其實跟長相沒有太大關係，而是與你是否「真誠」有關。這種真誠，來自於你清楚明白自己和他人之間的關係，不是只是如腦粉般黏著人，而是能保持禮貌的距離，不造成他人的不舒服。當你欣賞別人的時候，能夠具體說出你覺得很棒的地方，以及自己的想法與回饋，而不只是一味讚美，像罐頭音效一樣拍拍手，而沒有讓人感受到真的有在用心。

❺從隱晦到明確的關係建立

很多時候，我們其實感受得到和他人之間的距離，有些人能夠享受那種曖昧的關係，也有些人不懂得表達自己不舒服的感受。當你和一個人相處一陣子之後，也許可以思考一下自己對這段關係的感受，試著和對方做一些確認。這裡指的並不是告白，而是在自然互動中聊聊彼此的感覺，也好更加明白自己有哪些讓人喜歡或是讓人不舒服的行為。

有自信、有禮貌、相處起來輕鬆自在，是建立關係很重要的基礎。關係都是要刻意建立的，大多時候，能當個好朋友才能當個好情人，懂得欣賞自己的人才能被他人欣賞。愛與被愛，是人生中很需要學習的功課，即使過程中難免跌跌撞撞，但我們也會更加堅強，更好地認識自己。完美情人或許並不存在，但美好的你卻能夠讓每段關係都散發芬芳。

✦ 渴望愛的人很多，喜歡玩弄他人感情的人也很多，每個人都有自己不為人知的故事，以及各種不同的身心狀況需要去探討。

column 3

新年來過招

逢年過節的家族團聚，難免令人有些擔心和緊張。很久沒見面的親戚們掛在嘴邊的話題，總是不時觸碰到我們的紅線，比較小孩的成績和身高體重、問你的男女朋友、問你的收入和年終，以及生不生孩子等等……令人崩潰啊！

這裡提供大家一些小方法，祝福大家未來都可以好好享受年夜飯。

●做好心理建設：

我們要知道，很多長輩們並不像我們一樣，在科技發達的世界中擁有如此多元的資訊，他們不太懂什麼叫情緒勒索，什麼叫不該問的問題，什麼叫溝通技巧。所以，雖然他們的話語都出自於關心，是想和你聊聊天，但比較容易用到這些「可能讓你畏懼」的主題來開頭。

年輕人害怕跟很久沒見的長輩聊天，其實長輩也是。很多時候，我們的害怕來自平常太少接觸，如果平常都有聯絡，這種害怕與陌生的感覺自然會少一點。（也就是說，除了過年外，也要記得常常回家和家人相處呀！）

● 記得和自己說：

❶ 保持微笑

在職場中你怎麼和顏悅色的對客戶和主管，其實你也可以如此對待家人，在人生路上，他們其實比你的客戶和主管更重要。如果真的笑不出來，今年可以帶口罩。

❷ 好好過年比對錯重要

對錯傷和氣，在回應別人說話前，先想一下，最終我希望的結果是什麼。比如「希望大家過年愉快」、「希望長輩尊重人」、「希望他們不要看不起我的工作」、「希望他們不要一直逼婚」等等。除了大家過年愉快以外，我們很多的「希望」來自於「你希望別人怎樣對你，或是別人能怎樣改變」，這意味著你希望對家人有影響力，如果你希望如此，那這些溝通可以留到之後平常的生活。現在好好過年，才是證明你很棒、讓家人更相信你的時候。

❸讓人不舒服的話語，是自我覺察的好時機

哪些話讓你不舒服？哪些話讓你尷尬呢？這些都是你自我覺察的好時刻，越親近、越在意的人，越會觸碰到你的地雷和痛點。有時我們可以問問自己：「為什麼我這麼在意？」我在意他們提薪水，是因為我也覺得自己的工作不好嗎？我在意他們問伴侶，是因為我自己並不覺得自己幸福嗎？我這麼在意他們八卦我，是因為我不相信別人會真心愛我嗎？我這麼在意孩子的成績，是因為我覺得我自己是不夠好的父母嗎？我這麼在意家人的看法，是因為我覺得自己並沒有讓家人驕傲嗎？

對家人來說，無論他們說什麼，他們都是愛你的。就算他們覺得你不夠好，甚至沒有很愛你，但你愛你自己，知道你自己已足夠努力，已經夠棒，那就夠了。「不舒服的話」，

真正的重點在於我們心裡「不舒服」的感覺，而不是他人的「話語」。與其叫人閉嘴，不如想想自己的不舒服，然後跟自己說：「我很棒了！我正在慢慢努力！」

●我可以這樣做：

❶主動開啟話題

談談食物、談談衣服、談談疫情肆虐我們卻可以聚集的幸福。既然你討厭別人說不好聽的話，那就從好聽的開始，像是讚美他人、讚美食物，不需要太刻意，而是把所有主題都拉回來，你可以成為其他晚輩眼中那個超棒、超有智慧的小長輩。

❷說謝謝

和別人對話之前，先確認對方有沒有要聽，如果沒有真心想聽，那你所說的回應在他耳裡都像在對戰、在頂嘴、在讓長輩沒面子。這時，簡單說聲謝謝就是超好的擋箭牌，代表「你的話我收到了，但我知道你沒有要聽說明，所以我也不多說些什麼」。雖然簡短，但在長輩心中，他好像被尊重到了，對他來說也就夠了。而且，當他說什麼你都說謝謝，其實也是滿無聊的，長輩可能會覺得「不好玩，我去找別人玩」。恭喜，你不戰而勝！

❸最後高招，放大自己的不好

這招是最後招式，可以不用就不用！使用這招的前提是：我相信我自己很棒，所以隨便別人怎麼看待我，幽默自己一下又何妨？

舉例來說：

・「你今年年終多少啊？」「我今年根本沒年終啊，還要包紅包買年菜，我真的是心如刀割，還是你們要包一點給我？」

・「你什麼時候交男友啊？」「我剛分手拉，沒人要我，我遇到渣男都是因為我之前太急了。」

・「你什麼時候結婚啊？」「之前一直不能結，最近我可能有多一點希望了，臺灣真是個性別友善的國家。」

・「你什麼時候生孩子啊？」「我老公有點不行，我也很苦惱，你們有什麼祕方嗎？」

你不是沒人要，工作也沒有很爛，生活也沒有很多，但當你可以幽默回應，有時長輩反而會反過來安慰你，甚至包紅包給你說：「辛苦了啦，我不知道你這麼辛苦，來多吃一點，你工作也很好啊，一定是你老闆太爛了，這種爛主管以後把他幹掉啦。」

❹來些活動

玩桌遊、玩電動、唱歌、打麻將，這些都是你們的好幫手，一起歡樂防疫過新年，還有闔家歡樂的大富翁、麻將、撲克牌、骰子。記得，大家有事做就不會有人搞事了。

Part 4

未來好迷茫！為什麼環境讓人缺乏希望？

Intro

我曾聽過一個超棒的比喻：世界就像大海，有時平穩美麗，有時狂風暴雨。我們每個人長大後都會到海裡，也就是走入社會，有些人開始學習衝浪，享受挑戰帶來的快感，有些人開始造船，讓自己可以走得更遠，當然也有人有超凡的游泳技術，讓他不會淹死在大海裡。

但我們每個人在走向大海前，上帝都給了我們一個禮物，就是游泳圈（我說的不是肚子上面那肥肥的一圈），這個游泳圈就是我們的自我價值，也就是你知道你是誰。當你相信自己是尊貴、有價值、被愛的，那你的游泳圈就會很大很堅固，以至於你遇到大風浪，啥都沒有的時候，至少游泳圈能成為你的安全依靠，雖然你可以能還是會很晃、很辛苦，但你不會被淹沒。

每個人都有一個游泳圈，只是大小不一定，你和你所愛的人，可以幫助你讓你的游泳圈變大（當然也有可能變小）。記得，環境越糟，你越需要一個堅固的游泳圈，別在面對大風浪前，還讓自己的游泳圈洩氣，這樣就太糟糕了！

出了社會找不到方向，
我有追夢的可能嗎？

從摸索到自信，
你始終擁有無限的可能！

你是個有夢想的人嗎？我相信這世界上真的有很多人在勇敢追夢，他們好像很清楚知道自己的目標跟方向，可能會大喊著我要創業、我要當總統、我要成為暢銷作家、我要修改這些法條、我要一個背包環遊世界等等，然後花很多時間精力去努力。當然也有很多人會尷尬地說：「呃……我沒什麼夢想，就這樣一天一天的過，也是不錯啦。」

我在這邊不好意思地說，我覺得我也是個沒什麼夢想的人，我就是希望身體健康快樂，可以有錢出去吃喝旅行，可以去教會跟上帝建立良好關係跟傳福音，有一群愛我和我也愛的人。也許在某些成功人士眼中，我這番言論就像是「當個家庭主婦」一樣，以前的老師看到小朋友把這寫進「我的志願」時，八成會叫他重寫，但現在越來越多人知道，每個人都有過好自己人生的選擇。誰說家庭主婦不好，家庭主婦也只是人們所扮演多重角色裡的一個，我們每個人都不被侷限在一個身分中。

摸索過程中的思考，比幹大事重要

沒有人規定你一定要有夢想，換句話說，不是追求做很有意義和價值的事情才叫追夢，每個人都有屬於自己的人生目標，這目標帶給我們方向，好讓我們知道可以怎樣前進，生活中也有很多很多種小目標，我們會因為各樣的選擇而更加認識自己。當有人笑你沒目標、沒夢想，或是當你在和他人比較，發現自己每天不知道在幹嘛的時候，你可以去想想，除了「幹大事」之外，你做好了哪些小事呢？

這番道理，我常常在和學生們玩桌遊時聊起。我很喜歡一套桌遊，叫做《得分沙拉》，它獲得多項桌遊設計獎項的提名與推薦，規則非常簡單，卻擁有超多變化性。遊戲共一百零八張卡片，卡片一面是食材（共六種，生菜、甘藍、甜椒、番茄、洋蔥、胡蘿蔔）；另一面則是菜盤，每個盤子就是一種計分方式，而且張張都不相同，可能是「兩個甘藍得五分」，也可能是「每個甘藍得三分，每個番茄扣兩分」。玩家透過蒐集各種菜盤和食材的組合，會產生出千變萬化的分數結果。

一開始大家手中都沒有牌，沒有人明確知道自己要幹嘛，有些人拿了食材、有些人拿了盤子，然後慢慢累積，會開始越來越知道自己想要什麼。有些人一開始就方向明確，去蒐集盤子要的東西；有些人則是累積了很多食材，然後等待那個適合的盤子出現。玩著玩

《得分沙拉》計分方式說明

之前我玩《得分沙拉》正好拿到了這副牌。每個沙拉盤都是一種得分方式，我有七個盤子，卻只拿了兩種蔬菜，很剛好的是，沙拉盤中的得分方式，正好和我選擇的蔬菜很適配，讓我可以發揮很大的價值，輕鬆得到許多分數。

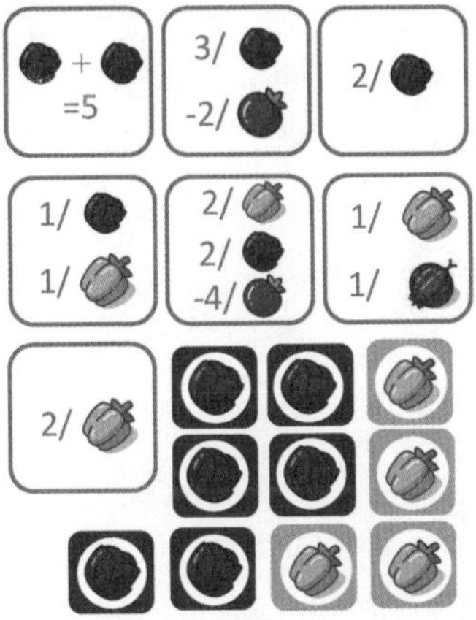

圖片素材提供：2Plus

假設每個盤子都像是一份工作，或是一個機會，下面的蔬菜就是我所擁有的天賦和技能，我不需要什麼都會（拿很多種蔬菜），但我可以慢慢探索找出自己的好，並透過累積，更明確地發揮自我的價值。

當然，想要拿到這些牌也需要所謂的運氣，過程中你可以看看別人在幹嘛，不用急著去搶那些大家都要的蔬菜，你可以從每次的選擇中漸漸掌握到自己的方向，該拿沙拉盤還是蔬菜？每次的選擇都非常重要，也都很考驗智慧。

算出來我得了幾分嗎？

答案是 87 分（15+18+12+10+20+4+8）

著，每個人開始走出自己的一條路，目標和方向都越來越明確。

玩的過程中你或許會發現，當你拿每一張牌時都有思考一下，後期就會越來越省力；反之，如果你在過程中都沒有思考，隨意拿牌，就會發現自己花了好多時間精力，換來的卻只有一點點分數。

這就好像我們的人生，有好好思考安排的話，就可以找到對自己有利的行動，興趣和專長可以結合得很好，就像遊戲中食材與計分方式的搭配一樣。你並不需要有遠大的夢想，但你可以進一步思考自己的每一個選擇，進一步認識自己，好讓你事半功倍，玩出屬於自己的開放式結局。

❤拿鐵飯碗換土飯碗，你會後悔嗎？

珮珮是一個很愛跳舞的心理師，因緣際會考上了法院的工作，負責幫受刑人做一些輔導和測驗。她並不討厭這份工作，只是總覺得有很多限制，不像她理想中的心理師。她也常常想著是否該離職，但這公務員的工作很穩定，薪水也好，基本上不用煩惱晚年生活，所以身邊的人總是勸她打消這個念頭。

到了疫情期間，很多同行因為工作不穩定而叫苦連天，紛紛羨慕起她有穩定的收入，可看在她眼裡卻不是這樣想。疫情讓她進一步思考人生：「病毒帶走這麼多人，要是我就這樣病了、死了，我真的不會甘願自己就這樣一直待在這裡。」於是她決定離職，完全顛覆了大家的想法。

她跟我說：「大家都說鐵飯碗很好，可是我想吃土啊！」這句玩笑讓我印象深刻。如果大家都說好的東西，自己偏偏不愛，你是否敢做出選擇呢？做出那些別人看起來很笨、而你也要付出很多代價的選擇？我想這對珮珮來說，就是「夢想」吧！

這個例子是來自我學姊的真實故事，她絕不是衝動行事，在她做出最後決定前，其實也做了很多準備，努力進修其他專長，經營自己的粉專，同時也有家人的支持。我相信，她非常喜歡自己現在的選擇。

你或許會想，如果後悔了怎麼辦呢？其實，我們之所以會後悔，通常是因為我們拿一個想像的、並不必然發生的美好可能，來和當下做比較。當我們不滿意現在的生活，卻又不想負起責任並展開行動，就只好找些人事物來埋怨一通了。與其想著「要是當初……，現在我就……了」，不如用當下的選擇，來改變你的未來，做一個讓未來的自己會感謝的人吧！

♥相信自己的美好，你永遠有選擇

不知有多少人看過 Netflix 電影《孟買女帝》？這部發人省思的電影，改編自小說《孟買黑手黨皇后》（*Mafia Queens of Mumbai*），原著也是真人真事改編，但導演提到，他希望觀眾不要把它當成傳記來看，而是要藉由電影更多地去關心這些在社會上辛苦活著的人們。電影中的女主角甘加，年紀輕輕就被心愛的人欺騙，賣到了妓院，從一開始的害怕到心死，再到更名甘古拜，決定接受命運；她在痛苦的環境中把自己過好，後來甚至成為卡馬蒂普拉地區的區長，為妓女和她們的孩子爭取教育資源與人權，受到當地許多女性的景仰，也讓很多缺乏自我價值感的性工作者們，重新看見自己的價值。

這部片在臺灣的排行榜上高居冠軍許久，內容非常激勵人心，我在看的時候有很多的反思，覺得有以下幾點，很值得厭世代的我們加以借鑒。

不要低估自己的價值，你就會有選擇

印度的人口販賣問題，讓許多小女孩受害，對她們來說，人生幾乎別無選擇，透過各種電影與報導，我們已經看到太多這樣的故事。我常會想，如果是我，大概不是想辦法死掉，就是自我放逐，讓自己這樣悲悲慘慘地過了一生。

然而，劇中的甘古拜，她給了自己新的選擇，她不要讓人小看自己，因為她相信自己有一天會成為厲害的人；她不低估自己的價值，反而開始累積自己的能力，並幫助身邊的人。在劇中，這樣的心理轉變發生得很快，但在真實生活中要相信自己很棒，是一個很長且很需要奇蹟的歷程。

尊重自己的工作，才能散發自己的魅力

妓女的工作在孟買當地非常卑賤，所有的女孩都是非自願地被賣到這裡，但甘古拜開

始尊敬自己的工作，甚至敢為了自己這份工作而發聲，她去找黑道老大講道理，獲得支持；去公開場合演講，爭取團體的福利。就算她內心知道，一定會有很多人看不起她或是想讓她難堪，但她沒有順著別人的標籤、偷偷摸摸地過日子，而是看見自己這份卑賤工作的重要之處，並且告訴其他的女孩：「花朵天生就是香的，無論是在妓院或是葬禮，散播你們的香氣吧。」

◎真正的尊嚴，是沒人能奪走的

甘古拜在臺上對眾人說，為什麼明明是男人來找我們，大家卻不怪他們，而是罵在努力謀生的我們呢？若不是我們，這世界又會發生什麼其他的事情呢？她講述了性工作者的歷史淵源與社會意義，講述了她們面對客人的一視同仁，無所歧視，更談到了尊嚴。「你們的尊嚴一旦丟失，就永遠消失了。我們每晚都在出賣尊嚴，卻似乎源源不絕。」在其他人拚命捍衛自己的尊嚴、甚至不惜傷害他人的時候，甘古拜示範了什麼叫做源源不絕的尊嚴，那是她自己賦予自己的，沒有人可以奪走。

發揮自己的影響力吧！

我們絕不會一輩子都是個跟隨者，不會一輩子都是個小員工，我們有可能成為前輩、成為老闆、成為父母，成為那個可以發聲的人，成為那個可以愛人的人。當你開始發揮影響力，當你開始想的不是只有自己的時候，你會成為一個更棒的人，你也可以開始擁有不同的眼光和勇氣去面對問題。

無論你是剛出社會，或是已工作很久遇到了瓶頸，無論你是否喜歡當下的工作、滿意現在的薪水，比起在孟買紅燈區的甘古拜，我相信你擁有著更多的選擇。也許你很不甘願做眼前的工作，覺得這裡扼殺了你的夢想，讓你只能當個社畜，但請不要低估你的價值。你要知道，你可以有新的選擇，就算可能性微乎其微，但當你開始尊重自己的價值、尊重你的工作，把該做的事情認真做好，你的眼光就會開始改變。你要先相信自己會有更好的可能，才能夠往更好的地方走去，你會成為你所相信的。不論外面的人怎麼看、怎麼說，你並不需要把他們的評價照單全收，你只需要做好你自己；於此同時，也別忘了謙卑地去分辨別人對你說的話，是否真有自己需要改進和面對的部分。

真正能把你打垮的人，只有你自己。如果你接受自己是個很爛的人，自然就沒有力量翻身；反過來說，你也可以慢慢建立自己的自我價值，就算世界上沒人看得起你，你也要成為世上唯一看得起你、給你自己鼓勵的人。做個追夢的人吧，這個夢不是什麼偉大理想，而是知道自己天生就是一朵芬芳的花，正散發出屬於自己的香味！

✦ 夢想不必遠大，只要你願意思考、探索，好好認識自己，追夢的道路自然會在你眼前浮現。

✦ 與其害怕做錯決定而後悔，不如把每個當下當成新的起點，用當下的選擇，改變你的未來，做一個讓未來的自己會感謝的人吧！

是我三分鐘熱度，
還是工作讓人待不住？

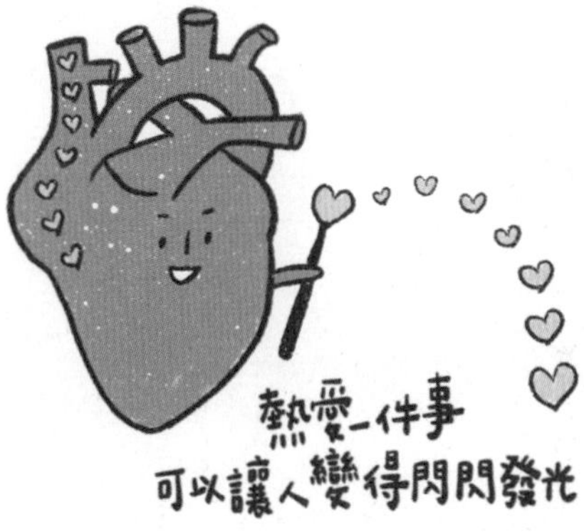

釐清自身需求，創造激勵因子，
爲自己揚起逐夢的風帆！

很多厭世代青年都曾有過這樣的疑問：「我的工作似乎都做不久，是我太草莓、三分鐘熱度，還是環境有問題？」其實能不能在一個職場環境長久待下去，除了專業能力與抗壓性（心理韌性）外，也和我們的感受與需求有很大的關係。說到這就不得不提我有兩個很喜歡的理論，分別是馬斯洛（Abraham Maslow）的「需求理論」，以及賀滋柏（Frederick Herzberg）的「激勵保健理論」。

♥我們要的不只是往上爬——馬斯洛需求論新解

我們很常聽到「馬斯洛的需求金字塔」，它把人類天生的需求組成比喻成一個三角形，分為五層，五層由低到高分別是：

❶**生理需求**：吃飽喝足、睡眠、性、呼吸

❷**安全和安全感的需求**：人身安全、生活穩定、健康、工作、財富

❸**社會需求**：友情、愛情、親情、關係、歸屬感

❹**尊重需求**：自我尊重、他人的尊重、成就感、價值感、被認可

❺**自我實現需求**：對理想的實踐、發揮潛能

五個層次又可以簡單分為高低兩大層次，前三層是低層次需求，後兩層為高層次需求。

理論認為，人們會優先滿足最底層的需求，再追求高層次的需求，譬如吃飽喝足的人更有餘力去追求情感和夢想；連明天要住哪兒都不知道的人，不會想去追求什麼成就感，只求能有個溫飽。在管理學中更認

馬斯洛的需求金字塔

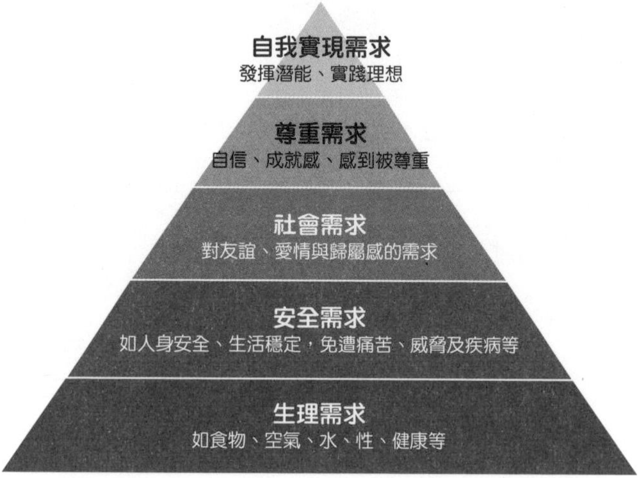

為，只要公司滿足員工相應需求，自然就能激勵他們，讓他們更愛工作、發揮更好的表現。

但其實，各需求層次是可以同時發揮作用的，因為我們知道，每個人都不一樣，大家滿足的標準不同，有些人會跳級，願意為理想拋棄一切，或為了信仰的使命，完全不在乎所到之處是否安全。也有些人把這些需求看作梯子，我們會嘗試往上爬，手腳分別搆著不同的層次，代表我們同時追求著不同的需求；有時我們會想要更往上一些，但也可能隨著處境不同，會想往下退一點。

前陣子，我看到美國的認知科學家史考特．巴瑞．考夫曼（Scott Barry Kaufman）對馬斯洛的需求理論有了新的詮釋。他認為人們的需求層次並不呈現「金字塔」型，而是一艘「帆船」。廣為人知的金字塔模型，其實出自管理顧問公司對需求論的詮釋，並非來自馬斯洛本人；而且，面對環境中的困境和挑戰，我們不可能像金字塔一樣動也不動，而是會隨風浪搖擺，唯有船身穩固，才能讓我們不被風浪擊沉。如果說金字塔意謂著一步一步往上追求，那船就是不斷地向外探索，在浩瀚的大海中，我們沒有必然前往的方向，面對風浪，我們必須知道如何逆風、如何順風。

他的帆船模型長這個樣子：

船身是安全需求——安全感、連結、自尊。擁有安全感是一切的基礎，加上與他人的良好連結，獲得他人尊重，並知曉自我的價值，這一切讓我們能抵擋風浪，遭遇困境時不會被輕易打倒。這部分也許正呼應了我們熟知的金字塔底下兩層，生理與安全感的需求。

當然，光有足以藏身的船身是不夠的，還得要有船帆我們才能行動。帆在外頭總會遇到風雨，它越是高大堅固，就越能幫你穩住，讓你掌握方向。

**船帆是成長需求——探索、愛、

帆船模型

目的。撐起這塊帆布的，是我們的自我實現，也就是如何成為自己心中很棒的人。成長的基礎假設就是探索，我們會去找尋人生的意義，去發掘新的東西，因挑戰而獲得成就感，然後對環境有更多的渴望、動機、好奇，進而打開胸懷，進而創造機會。

這樣的說法，是不是比金字塔更能讓人感覺到希望呢？在金字塔模型裡，我們只是在自己的世界中，想著可以怎樣往上爬；但帆船模型讓我們有了全然不一樣的視野。透過帆船模型來看待自己的工作與人生選擇，你就能理解到，世界始終寬廣，在確立終極目標之前，持續的探索也是必然的。

♥ 薪水高不一定待得久——賀滋柏的激勵／保健因子

賀滋柏是美國的行為科學家，他在二十世紀五〇年代展開了大規模的訪問研究，針對各行各業的從業人員進行調查，詢問他們在工作中，有哪些事項讓他們感到滿意，帶來的積極情緒能持續多久時間；也詢問有哪些事項讓他們感到不滿，帶來的消極情緒又會維持多久。

根據調查結果，賀滋柏提出了「激勵保健理論」（賀滋柏），研究指出，能夠引起人類動機的因子有兩大類，分別是：

- **保健因子**：組織政策與管理、薪資、人際關係、工作環境、職位
- **激勵因子**：成就感、受到賞識、責任感、升遷發展

擁有保健因子，可以讓你「不討厭你的工作」。假設你在一個薪水穩定的工作中，你會覺得還滿ＯＫ的，但不會特別興奮或想要努力些什麼，或者可能有喜悅感但不會維持太久；久而久之，你甚至會開始感到厭世，畢竟這工作或環境有點無聊，你可能覺得能掌控的事情並不多，自己彷彿就是個領薪水的棋子。

擁有激勵因子，能夠讓你「喜歡你的工作」。你會在工作中獲得成就感而越來越滿意，面對挑戰你不會逃避，反而會去想有什麼是自己能夠做的。如果你的職場環境是個願意讓你嘗試的地方，你真的會覺得自己每一天都超級精彩。

如果缺乏保健因子，你勢必會對工作非常不滿意，嚴重影響工作表現與心情，所以在資方的角度，給員工好的工作環境和滿意的薪水是很重要的。而沒有激勵因子，說實話是不一定會怎麼樣，世上也有很多人日復一日做著重複的工作；但你可能失去許多動力，越做越厭世，畢竟生命是自己的，我們仍舊需要在工作中激發自我的潛力，看見自己的價值。

♥ 活用理論，為自己打造一艘夢之船

記得有一次，我在FB上問大家，「一份高薪但你不喜歡的工作」和「一份低薪但你很喜歡的工作」，你要選哪個？當時我自己內心的答案是前者，因為我覺得有錢才可以去實踐更多吃喝玩樂，而工作只是生命的一小部分，不用放太大期待，還有其他生活可以讓我們感到愉快。

沒想到，回應的答案大多都選擇「一份低薪但你很喜歡的工作」。他們說：快樂才是人生的目的、喜歡才可能長久、喜歡才有辦法慢慢提升、我不要慢性自殺等等。

在這裡，我們不妨跳脫二選一的框架（很多時候，這是一種陷阱），你大可以說：

「小孩子才做選擇，我兩個都要！」因為人生絕不是只有A選項或是B選項，我們都可以主動去創造不同的可能性，一步一步摸索出自己最想要的。很多人總愛嘆氣說「人生好難」，覺得自己總是卡在各有利弊的選擇之間。其實並不盡然，如果你活用上述兩個理論為依據，它們就能幫你在人生中的大小疑惑中，找出屬於你的解答。

在照顧到低層次的需求與保健因子的同時，別忘了看向更高層次的需求與激勵因子，這些激勵並不靠別人給予，你自己就擁有塑造這一切的能力與責任。從關愛自己開始，也練習好好與人連結、關愛他人，做好身邊與工作中的小事，朝著期待與希望出發，慢慢地，你就能為自己的帆船蒐集到各式各樣的好材料，升級各種裝備，讓你有更大的可能，去探索世界的美好！

✦ **擁有保健因子，只能讓你「不討厭你的工作」，但擁有激勵因子，能讓你「喜歡你的工作」！**

長年低薪高房價，努力真的有意義嗎？

—

美好未來
從你挽起袖子做準備的那一刻起，
才眞正浮現

致羽是一個高級住宅區的警衛，他年輕有活力，但因為家中經濟壓力的關係，很早就放棄升學，選擇了這份工時較長但薪水較高的工作。跟他一起工作的都是年紀比較大的大哥們，他們時常笑致羽說：「年輕人幹嘛不去做有前途一點的工作啊？我們在這邊當警衛過晚年，你在這幹嘛？」致羽都笑笑回答：「慢慢來啊，做這個也沒有不好，剛好有工作就先做一下囉！」相較於其他人的輕鬆態度，致羽樂在工作並且積極有禮貌，時常主動跟人打招呼，也會貼心注意到一些小細節。沒想到過了一年，住宅區裡的一位老闆被致羽的認真所感動，以兩倍高的薪資邀請致羽到他的公司上班，這是他從來沒有想過的事，因為他在每一件小事上用心盡力，而讓他在生命中成就了美好。

認真努力的人有辦法財富自由嗎？

要想翻轉厭世有一個很重要的前提，就是不要一直說自己窮、自己不好，不把自己的當下的困境，怪罪於父母、環境甚至命運。很多人會抱怨，年輕人一出社會就只能領低薪，但也有很多人的眼光並不是放在薪水上，他們忠於每一件小事，不只把該做的事情做好，還想著能怎樣才能做得更好，因而開創了更多可能性。這類的故事，相信在很多厲害的YouTuber身上都可以看到，那些光鮮亮麗賺很多的背後，其實都是努力的累積。

我們也常聽到「學音樂的賺不了錢」，但我身邊就有朋友認真教學，想辦法在自己和其他老師的課程間做出差異性，並在存錢累積一段時間後，自己開工作室，同時也租借場地接商演、辦活動；疫情之下，他還推出了網路課程，每個月賺的錢是一般音樂老師的好幾十倍。還有一位朋友，她在幼稚園當老師，因為覺得薪水太少，開始自己搭配繪本設計教材，從週六日當故事姊姊開始，最後離職創業；她用心設計自己的教案，結合各式各樣的活動，辦理的親子活動場場爆滿，也接到很多培訓和大活動的邀約。

他們都正在努力著，雖然背後都各自有著很多不為人知的辛酸血淚，但也正在累積財富，使自己遠離貧窮。我們也能如此，當你不再因為當下的不足自怨自憐，開始在每一件小事上投注心力，時間到了，你自然會成為你所相信的。

我自己在面對疫情的挑戰時，也是一樣。二〇二一年，新冠病毒剛開始席捲臺灣，政府很快速宣布三級警戒，公司學校開始居家上班上課，餐廳也禁止內用，我的工作一夕之間幾乎全被取消，只好努力學習摸索怎麼做線上教學，想辦法度過這個危機。那段時間，我腦子裡也不斷祈禱，希望疫情趕快過去。

轉眼一年過去，疫情、輿論與政策都經歷了很多變化，本來當日幾百人確診就讓人心驚，如今數字卻是幾萬幾萬地跳，卻好像沒多大感覺了，畢竟日子還是要過，政策也開始從清零邁向共存。我自己也在這段期間不小心確診了，讓新聞中每日破萬的確診人數跟著「加一」。但是這次，在確診隔離的七天當中，我居然工作了六天，完全沒有因為防疫措施影響到我的收入。因為去年的經驗，所以我那陣子工作全改成線上，雖然身體有些不舒服，但我可以在房間完成該做的工作，並在下線後好好休息。那時我感覺非常不可思議，也非常感恩，除此之外，我也因為確診申請到防疫保險金，得到了一筆意外收入。

面對困境與危機，我們難免會埋怨、謾罵，會恐慌或失去信心，但也正是這些處境提醒了我們，該是時候為日後的生活做出改變和準備了，當你冷靜下來，停止抱怨並開始擘畫未來，你就在默默扭轉自己的命運。如果我在前一年的危機中，沒有去學習線上教學的配套方法，沒有花五百元買防疫險來為我萬一無法工作的情況做準備，我現在的狀況恐怕會慘上許多。凡事真的都需要預備，才能讓我們更輕鬆面對困境，同樣的道理也可用在職場、生活與感情當中，其中，金錢的預備是最基礎的。

♥當金錢的主人：不止累積，還要流動

這世代不斷在講求「財務自由」，這個自由並不只在於存款要夠多、要有現金流。坊間很多書都說，「有錢人的思維和習慣和一般人不一樣」，你是否跟我一樣困惑，到底哪裡不一樣呢？

讀了其中一本後我才明白，這個自由，和我們面對金錢的態度有很大關係。你賺到的錢是否能讓你幸福，關鍵其實在於你心底是否感到「足夠」。如果你始終覺得太少，那即使擁有再多，在沒有符合你的「足夠」標準之前，你可能永遠會為了「不夠」而感覺厭世。

曾經有人分享，心理師的薪水也像是個金字塔，頂端賺很多的人很少，大部分的人其實都沒什麼錢。我的老師朋友聽到後就問我：「所以你是頂端還是底端？」我想了想跟他說：「中間偏頂，但不是因為我賺的多，而是我真的覺得自己衣食無缺，很豐盛滿足了。」

我的家庭說不上富有，我的爸媽也很少花錢，他們最主要的花費都用在和朋友吃飯，還有捐款給有需要的人。覺得這樣就已很足夠、很幸福的他們，對別人總是比對自己慷慨許多。能有這樣的用錢觀真的挺好的，雖然我常常因為他們省東省西而生氣，但這就是他們的生活模式，知足常樂嘛！

我自己也很少花錢，但受到身邊有錢人朋友的影響，我也漸漸開始學習怎麼花錢。原來，很多看似浪費的支出，其實是一種投資，花錢是因為你值得，有用就不算貴。

當然我還是認為，花錢的首要條件是先要有錢。我從小就愛存錢，所以當我考上大學時想要一臺數位相機，光用自己打工的存款買就綽綽有餘；想要新的手機、新的電腦，我也可以比價之後馬上入手。很多人誤以為我有很多錢，可以買喜歡的東西，但最主要的原因還是我平常很少額外的花費，以至於我有需要的時候，就能很自由地買。

即便如此，我以前看見自己想要的東西還是會思考再三。記得剛工作沒多久，我突然很想買 AirPods，當時覺得自己工作到處奔波，平常雖然很少用耳機聽音樂，但在搭車過程或日常通話時，用無線耳機應該會很方便。只是，那副耳機要四千多元，我完全下不了手。

並不是手邊沒錢，而是覺得：「這樣值得嗎？」

我注意到身邊很多學生早就人手一副，他們就是先買再說，可能不吃飯來省錢、跟爸媽要或者把一個月的打工錢全花下去。這讓我覺得很不可思議，因為很多月光族也都是這樣想的，先滿足自我、犒賞自我，其他之後再說，這讓他們總是被自己的債務追著跑，陷入「辛苦生活→想犒賞自己→繼續辛苦生活」的惡性循環。

最後，我足足考慮了一年才買下耳機，而它確實為我的生活帶來很多方便。我朋友知道後就跟我說：「有用的東西就早點買，然後用這東西來幫你賺到更多的錢；你是有本錢的，別把自己限制住。」這就是所謂的投資。

所以，現在的我如果有需要就會立刻買單，不是因為手邊有錢，而是我更清楚知道，因為我值得，我不用靠好東西來證明我的價值，反而我會運用這個好東西來發揮自己的價值。這副耳機讓我在交通過程中，可以聽很多 podcast 來學習，也可以行進間通話，同步做很多事，真的是經歷過了才知道原來自己需要。

同理，我也存了錢去芬蘭看極光、去新疆看廣闊地貌、去埃及看古文明，去了日本、香港，走遍臺灣本島離島等等。我學習存錢，也學習花錢，量入為出的同時，也把每一筆錢都花出它的意義和價值，也用分享快樂的方式，像是奉獻或送禮，讓錢的價值超過它本身的數字。

我想，大概就是因為這樣的個性，才讓我能在工作的淡旺季中，依然保持平穩，賺多就多存一點，賺少也不會擔心沒錢，反而能享受休息。也許，這就是一種金錢帶來的自由。

錢的確需要累積，但累積後的錢也需要流動，拿來花在有意義、有價值的事情上，我們才能真正成為金錢的主人。當你可以明確找出賺錢的意義、並充分享受花錢的價值時，你也會慢慢跳脫厭世的感受，不會再因為害怕失去而覺得自己是被動、無力的受害者，因為你已經擁有那真正讓你富足的「致富心態」！

✦ 當你不再因為當下的不足自怨自憐，開始在每一件小事上投注心力，時間到了，你自然會成為你所相信的。

不想老是負能量，
如何把抱怨變成力量？

找對傾訴對象，
苦水也能變成進步的能量！

每次在帶領人際溝通課程時，我都會問問大家：「討厭和怎樣的人相處呢？」一定有人回答「愛抱怨的人」，但大家也都會說：「抱怨這種事忍不住啊！」就算知道抱怨不好，我們還是會想抱怨，有時就連我也不知道自己是否就是別人眼中那個愛抱怨的人。如果今天請你摸著良心問問自己：「我是個愛抱怨的人嗎？」相信很多人都不敢大聲說：「我不是！」因為抱怨真的是每個人內建的本能。抱怨，或者說，和人抒發內心不舒服的狀態，這是可以的；但如果只顧著說卻沒有任何改變的行動，一直覺得自己很可憐或是別人很壞，這種狀況可能就要當心。

抱怨，一種具有腐蝕性的癮

抱怨是我們對某些人事物有所不滿而產生的行動，這種不滿可能來自我們對事情的無法控制，像是「某某某真的聽不懂人話耶，快被他氣死，講都講不聽」，因為你沒辦法讓他照你所想的去做，你無法控制，所以你想跟人「抱怨」一下來抒發自己的情緒；或者「去了一家服務態度很糟糕的餐廳，東西難吃就算了，跟老闆反映，他還覺得是我的問題」，因為老闆沒辦法如你所期待的，對你有禮貌，沒有尊重到你，所以你需要抱怨一下，好來解除自己滿肚子的怨氣。這樣聽起來，抱怨的確真的很像所謂的情緒抒發，是一種自我照顧的方式。但如果只是這樣覺得，那我們可就小看了這抱怨的威力，因為很多時候，你抱怨的不只是外面不重要的人，更多時候是那些跟你很親近的人，漸漸的，那些原本的美好會淡去，在關係中帶來傷痕，也會讓你變得跟一開始的自己不太一樣了。

當你在職場或感情中遭遇挫折時，不妨停下來想一下：當你一開始拿到這份工作時，你有沒有很開心呢？甚至還請朋友吃飯，慶祝自己進了一家新公司；當你一開始和對方交往時，有沒有覺得自己很幸運，遇到了一個特別專屬於你的人？當你走在結婚紅毯上，被親友祝賀時，有沒有覺得自己充滿勇氣，可以和眼前人共度未來的大小難關？但不知道何時，那份感覺不見了，換來的只是很多很多抱怨，起初只是抒發情緒，但慢慢地變成了不再溝通、不再行動、不再反抗，開始認為自己沒有選擇，寧可找第三方說說話，也不願再去面對讓你無力的人事物。這樣看來，深陷在抱怨中的人，他們需要的或許不只是單純的情緒抒發，而是重新面對問題的勇氣。

威爾．鮑溫的著作《不抱怨的關係》裡，提到一句話讓我印象深刻，他說：「抱怨往往會扭曲、侵蝕，甚至毀掉攸關我們幸福健康的人際關係。抱怨時，人跟人的關係會失去活力，逐漸惡化。抱怨將我們的重心從對方原本吸引我們的優點，轉移到對方的缺點。這種轉變會讓我們落入一種陷阱：我們會覺得不滿足，而對方則覺得自己不夠好。」這正呼應了我前面所說的那種變化。究竟變的是你還是別人，改變的是環境還是自己呢？答案是：都改變了。在抱怨的時候，我們很容易產生一種「都是別人的錯，都是別人需要改變」的心態，於是自己成了受害者，我們看似翹著二郎腿，手指著別人、訴說他們的不是，但其實是被自己牢牢綁在椅子上，動彈不得，說出口的話只是我們最後的掙扎。此時我們需要的，也許是把指向外的手放下來，想辦法幫自己鬆綁，站起身來，重新成為自己的主人。

及時覺察，你會發現：離開是對的

秀齡是一家新創公司的員工，她很喜歡自己的工作，也覺得裡面的同事都像家人一樣，但當她待得越久就漸漸發現，有些人自己並不是那麼喜歡，特別是主管韻婷，雖然她工作認真且受人敬重，但想法和個性都有些特立獨行，讓人感覺很有距離，每次討論一些事情的時候，秀齡都無法理解她的邏輯，常常搞不懂到底是自己的問題還是主管的問題。

有天她和同事汪憶一起吃飯，聽到汪憶提起對韻婷的看法，兩人就像遇到知己一般，「對啊你也醬子覺得吼～」「我真覺得她這樣很奇怪！」「為什麼她不……」，本來對韻婷只有一點不習慣的秀齡，好像變得越來越不喜歡韻婷了，她發現原來不是只有自己這樣想，別人也是。而這抱怨就像麵團「發酵」一樣，慢慢地發了起來，越發越大，不只秀齡跟汪憶，越來越多人加入了這抱怨組織，直到有天線上會議，因為韻婷居家隔離只能用視訊方式和大家開會，汪憶居然指著螢幕說：「她到底在講什麼啊？亂七八糟的。」當下秀齡有點被嚇到了，因為她當下並沒有覺得韻婷哪裡說得不好，曾幾何時，他們的同盟已累積了這麼強的負能量，自己對公司也有越來越多的不滿，儘管有能一起抱怨的朋友很開心，但是，真的要這樣下去嗎？

最後，秀齡離職了，公司有很多她覺得很棒的地方，也有很多她不喜歡的，而同事愛抱怨的氛圍，起初她覺得很好，後來卻發現自己深受影響，甚至讓自己失去了最初加入公司的動力。三年後，她又遇到了汪憶，汪憶問她：「你都好嗎？當初這麼突然離開，我們都不知道你怎麼了。」秀齡回答：「我很好啊，你呢？你好嗎？」汪憶說：「怎麼可能好啊，你不知道那個韻婷多誇張……」秀齡微笑看著滔滔不絕的汪憶，她知道當初離開是對的，她前進了，韻婷其實也是，唯一不動的，是總在抱怨的汪憶。

❤ 找對人傾訴，抱怨也能有建設性！

當你發現自己在抱怨的時候，不妨想一想，我今天說完這件事之後會怎麼樣呢？我的心情會改變嗎？別人的心情會改變嗎？我會影響他人的認知嗎？對方會把我的話說出去嗎？我說出去是希望有什麼改變嗎？我是在求救嗎？還是我就是想要找人拍拍呢？

別小看這些問題，這其實非常重要，會決定你只是單純的抱怨，還是能夠有效地抒發情緒。還有個決定性的關鍵，是你傾吐的對象是否足夠成熟，假設對方是有智慧的前輩、專業的心理師、深愛著你的伴侶，他們可能會給你很好的建議、一個解決問題的方向、一個深深的擁抱與承接。但這些傾訴如果所託非人，對方可能無意間把你的言語加油添醋傳出去，為你增添麻煩；或者因為你的話語而對他人有了不良印象，破壞了他們的關係。

理想的談話夥伴會為你充電，讓你重新出發，讓你在問題中看見自己的力量，發現問題，勇於改變。不對的傾吐對象會跟你一起抱怨，跟你一起坐在椅子上，把繩子綁得越來越緊，讓彼此都成為大家都不喜歡的、自顧自抱怨的人。也許，要像秀齡一樣跳脫充滿抱怨的環境，對你來說是件很困難的事，但至少你要覺察到自己的狀態，讓自己的眼光從「看見別人的問題」，轉移到「看見自己的能力」，慢慢看見自己能做些什麼，慢慢看見環境中有哪些美好，重新找回自己的可能性，成為能看見問題並能改變環境的人。

✦ 抱怨固然是人的天性，但它也會在不知不覺之中悄悄吃掉我們擁有過的美好，為關係帶來傷痕。

✦ 遇到不滿意的狀況時，與其想別人該怎麼改變，不如先看看自己能做些什麼，找值得信賴的對象聊一聊吧！

column 4

我可以怎麼相信這世界是美好的？

有一次我和一群家暴媽媽工作，我們在談孩子的教養。我問他們說：「你們希望你們的孩子未來可以活在很美好的世界中嗎。」他們每個人都點頭並說著：「我希望我的孩子不要跟我一樣」、「我希望他們以後不要遇到爛男人」「我希望他以後不要被騙被欺負」、「我希望他們以後能夠有權有勢可以活得好好的」、「我希望他們可以好好的過生活」。為人母親，往往自己再累，也要給孩子吃好穿好用好，她們眼中投以的愛與祝福是非常真實的，而她們在生活上所反映出的信念，其實也默默影響著孩子。

我問他們說：「那你們相信這世界是美好的嗎？」她們每個人都不怎麼相信，「這世界很危險」、「這世界很多壞人」、「我們要強起來才不會被欺負」、「這世界一點都不美好」，如果你看過每位家暴媽媽的個案紀錄，你一定也會覺得這世界真是太可怕、太可惡了，已經不是厭世可以形容，鄉土劇演的劇情原來是可以真實發生的。

只是，孩子們最初的世界，是從父母那裡開始，如果父母不相信世界是美好的，孩子又怎麼可能可以活在美好的世界裡呢？

我和她們說：「也許我們真的很無力也很厭惡這世界，但我們唯一可以做的，就是改變眼光，從閉著眼睛開始試著去相信，光會慢慢地照進黑暗中的裂縫，產生巨大的改變。每天晚上和孩子討論今天發生了什麼有趣、美好的事，然後跟他們說，今天真是很棒的一天；每天出門前，和孩子說，今天會是很棒的一天，祝福你可以經歷很多美好喔！」你知道嗎？說久了就真的改變了。

同樣的，對你內心那個小小的自己說吧，你是最能照顧自己的重要他人。在心理諮商的歷程中，我們都相信，個案是解決自己問題的專家，心理師只是同理、陪伴、帶個案去探索自己的問題和看見可能的改變。我很喜歡焦點解決短期治療的一些問句技術，也是我常常自我反思時會去想的問題，好的問題可以帶領我們看見改變、看見希望。你不妨也試試看吧：

❶**目標問句**：正向的開始、行動目標：「今天我想來改變些什麼？」「我會希望

別人怎麼幫助我？」「如果是別人，我會怎麼幫助他？」

❷**例外問句**：過去成功經驗的探索：「有哪些時候，這些問題是不會發生的？」「以前，我是否有些不同的想法和做法？」「以前遇到類似狀況的時候，我是怎麼度過的？」

❸**奇蹟式問句**：「有一天醒來時發生了神蹟，一切問題都解決了，情形會有什麼不同？這時候我會做什麼？我感覺如何？」

❹**水晶球問句**：「如果在你面前有一個可以看得到未來的水晶球，我可能可以看到些什麼？」

結語

換上愛的引擎，駛向美好人生

「凡事總要有人起頭才行」，不知道大家是否認同這句話？一個團體或是一群朋友中，總是要有人主揪出去玩，這個活動才可以成行，假如每個人都在等待別人約，那可能就真的沒有約出去玩的一天了。

所以我很喜歡「主動」這兩個字，「主動」代表我有能力去做，去對外在環境與他人，產生好的影響。特別是在一片厭世的愁雲慘霧之中，比起「被動」的等待他人行動，我們更需要自己起身去驅散黑暗，抓住幸福的積極可能。當我們把眼光從自身的困境中移開，首先主動地去為別人做些什麼，收穫他們的笑容與感謝，你就開始累積屬於自己的幸福了，這也是我寫這本書的初衷。

如果我們把人比喻成一臺車，我們的情緒、觀念與渴望，就是我們的引擎。它可以是物質的財富，可以是正向的愛與夢想，也可以是負面的自卑與恐懼，我們被什麼樣的引擎所驅動，對於現實就會做出怎樣的解讀，這也就是為什麼兩個人的生活大同小異，彼此卻可能有著截然不同的感受。有的人快樂，有的人痛苦，有的人幸福，有的人厭世；有的人能在婚姻中享受愛情的果實，有的人則覺得婚姻是愛情的墳墓。

固然，我們心中的引擎可能受到演化、受到基因、受到家庭與成長環境的影響，讓我們過去一直以來都被自卑與恐懼所驅動著。但書頁翻到了這裡，相信你已經能有所覺察，你可以為自己主動換上一副新的引擎，重塑自己的信念、渴望與行動，乃至身邊的文化，找到自己該要對齊、前進的方向。

「愛裡沒有懼怕；愛既完全，就把懼怕除去。」（約壹4：18）把恐懼的引擎換成愛的引擎吧！成為主動去做、主動去給予的人，重新掌握人生的主導權，開始駛向美好。縱使有些時候，環境或厭世的感覺讓我們停下，可能隔離在家、可能被迫結束一段關係，或者暫時告別職場，也請把握這些停下的機會，覺察自己在其中的害怕與擔憂，找到將其替換成愛的方法，就能讓自己擁有翻轉厭世代的力量。

我是歡樂心理師，我渴望代言美好，你呢？看完這本書之後，你是否有得到一些力量呢？我相信總會有那麼一個篇章，能在後面推你一把，讓你開始做出一些行動和改變。如果可以，主動和你的好朋友分享一下這本書吧，再分享你們之間發生的美好給我喔～

智慧會隨著生命經驗不斷累積，祝福大家一天比一天相信自己是「尊貴、有價值、被愛的」！

答案：**你可以翻轉厭世**

說明：鹽→畫去鹽周圍的文字；光→畫去燈照直線方向所有文字

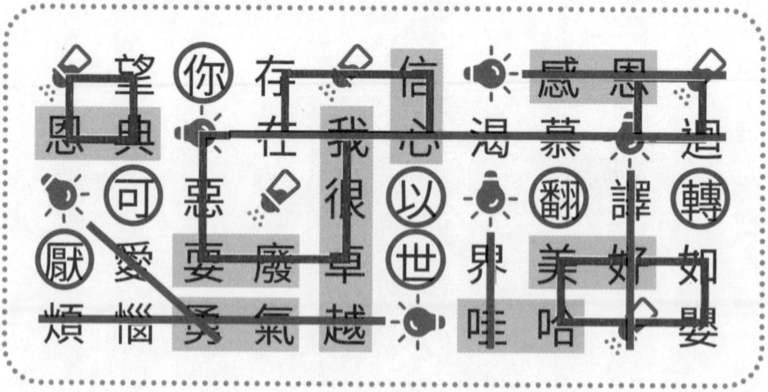